DES ASSOCIATIONS OUVRIÈRES

EN MATIÈRE

D'AGRICULTURE ET D'INDUSTRIE

DES SYNDICATS

ET DE

L'INSTRUCTION POPULAIRE

PAR

M. JEAN DE LATERRIÈRE,

MANUFACTURIER.

Prix : 1 fr. 50 c.

PARIS

E. DENTU, LIBRAIRE-ÉDITEUR,

PALAIS-ROYAL, 17 ET 19, GALERIE D'ORLÉANS

1864

DES ASSOCIATIONS OUVRIÈRES

EN MATIÈRE D'AGRICULTURE ET D'INDUSTRIE

DES SYNDICATS

ET DE

L'INSTRUCTION POPULAIRE.

DES

ASSOCIATIONS OUVRIÈRES

EN MATIÈRE D'AGRICULTURE ET D'INDUSTRIE.

Dans une étude précédente, adressée à la SOCIÉTÉ D'AGRICULTURE, COMMERCE, SCIENCES ET ARTS DU DÉPARTEMENT DE LA MARNE, en réponse aux questions proposées par elle sur l'émigration des populations agricoles vers les villes, nous avons essayé d'expliquer les causes auxquelles doivent être attribuées ces fluctuations populaires (1).

La disproportion des salaires payés dans les campagnes avec ceux alloués aux ouvriers des villes étant, selon nous, le véritable motif de ces sortes d'émigra-

(1) E. Dentu, libraire; *De l'émigration des ouvriers agricoles vers les villes*, mémoire couronné par la Société académique de la Marne.

tions, nous nous sommes attaché à en indiquer l'origine, à en faire ressortir les conséquences, et à montrer que la satisfaction de l'intérêt du travailleur est le seul moyen pratique de faire cesser la rivalité qui semble régner à ce point de vue entre l'agriculture et l'industrie.

Nous avons dû, par déférence pour le programme de l'Académie châlonnaise, nous renfermer dans les limites qu'il trace et nous abstenir d'entrer dans l'analyse particulière des diverses questions qui s'y rattachent. Nous avons donc borné nos observations *au salaire*, cette expression de l'intérêt immédiat et quotidien de l'ouvrier.

Le salaire n'étant pas néanmoins la seule forme sous laquelle puissent se présenter les intérêts de la classe ouvrière, cette étude ne manquerait pas d'être critiquée par nos modernes réformateurs, qui, n'y trouvant pas trace de l'*association*, la jugeraient tout d'abord incomplète.

L'association peut en effet offrir, dans certains cas, un avantage fondamental pour les intérêts populaires; aussi les philanthropes se sont-ils emparés de tout ce que le principe d'une communauté d'intérêts pouvait avoir d'utilement praticable, pour fonder les institutions protectrices qui fonctionnent de nos jours.

Malgré l'expérience faite aujourd'hui de tous les systèmes auxquels l'association pouvait se prêter, et bien que la pratique ait mis en relief ce que l'on en pouvait retirer de bon, on n'en fait pas moins, encore, un très-grand abus de ce mot.

L'association semble être maintenant le moderne *labarum* d'un nouvel ordre social pour l'avenir des populations laborieuses; c'est la devise adoptée par les théoriciens qui essayent de diriger les masses populaires à la recherche de formes nouvelles.

Le vulgaire est facile à séduire : acceptant tout très-superficiellement, on l'a vu bien des fois se payer d'un mot sonore, et chercher dans de spécieux programmes une justification à ses entraînements les plus irréfléchis.

L'association, il faut l'avouer, est une sorte de symbole bien propre à favoriser les illusions du peuple, et comme une bannière autour de laquelle les travailleurs doivent aimer à se grouper, car elle semble à première vue cacher dans ses plis les plus encourageantes promesses.

Mais le système de l'association, dont les fervents adeptes négligent de définir les nouvelles applications, a besoin d'être examiné mûrement au point de vue des *ressources pratiques* qu'il semblerait, d'après ceux-ci, contenir encore en germes. Cet examen fera peut-être ressortir sous son vrai jour le côté pratique que des apparences théoriques pourraient faire supposer comme utilement applicable, tandis que l'expérience, au contraire, le classe dans la catégorie des projets chimériques.

Nos allégations tendent donc à établir que l'on a tiré du principe de l'association tout ce qu'il pouvait produire de fécond; et que le vague dont le simple énoncé de l'association demeure toujours entouré, ne renferme plus aucun avantage *nouveau* pour les travaux populaires.

Vivant depuis une quinzaine d'années parmi les ouvriers, les uns occupés dans nos établissements, les autres établis à leur compte, en dehors de nos ateliers, mais travaillant une grande partie de l'année pour nous, nos réflexions sur ce sujet, si facile à controverser, loin de naître d'une impression passagère ou capricieusement théorique, sont le résultat essentiellement pratique de nos observations de tous les jours. Espérant qu'elles pourraient profiter à quelques-uns, en leur signalant les écueils de l'*inconnu*, nous nous sommes fait un devoir d'exposer franchement notre pensée à cet égard.

Si nous nous trompons, si l'association contient encore des applications pratiques que nous n'ayons pas vues, nous serons des premiers à nous réjouir d'une réfutation qui mettrait en lumière un nouveau moyen d'améliorer le sort des travailleurs; car depuis longues années nous n'avons cessé de nous y intéresser très-sincèrement. Le témoignage des nôtres attesterait au besoin, que ce n'est pas là, de notre part, une vaine profession de foi.

Nous lisions dans le journal *la Patrie*, du 8 mars dernier, sous le titre de *Causeries littéraires*, le récit d'un de ces essais oratoires sur les associations :

« La salle Barthélemy, dit ce journal, semblait ne » pouvoir contenir hier la foule qui se pressait à ses » portes.

» L'orateur avait choisi pour sujet le principe de l'as- » sociation, et il en a tiré de nobles inspirations.

» Après quelques considérations élevées, il a parlé » d'une société de pionniers anglais dont le salaire était, » il y a vingt ans, insuffisant pour leurs besoins et » ceux de leur famille. Il les a montrés prélevant » d'abord sur ce salaire insuffisant la somme hebdoma- » daire de 20 centimes; plus tard, de 31 centimes; etc. »

Tout d'abord, nous ne comprenons pas comment un orateur politique peut, quand il s'agit de principes applicables au caractère français, puiser ses exemples en dehors de la France. Il nous semble élémentaire qu'un usage, une forme, une loi, doivent être en harmonie avec le caractère du peuple auquel on veut les appliquer, et qu'il serait puéril de songer à plier le caractère d'une nation aux lois ou règlements qui lui seraient antipathiques. Le récit de cette association de pêcheurs anglais, très-intéressant sans doute pour les économistes anglais, nous semble donc une comparaison inopportune en cette circonstance.

Qu'on se rappelle à ce propos les associations allemandes, connues sous le nom de Frères Moraves; toutes, les unes après les autres, sont tombées de langueur, quoique composées d'associés dont le tempérament et le caractère se prêtaient pourtant à des conventions sociales toutes particulières, conventions auxquelles aucun Français ne consentirait à s'assujettir pendant une seule journée.

Tout le monde reconnaîtra avec nous que l'on peut obtenir du flegme méthodique anglais et de la mystique torpeur allemande ce que l'on n'obtiendrait jamais du caractère prompt, actif, indépendant et surtout variable du Français.

Laissons donc de côté ces citations spécieuses, et voyons quels avantages nouveaux la pratique pourrait retirer de l'*association des personnes* EN FRANCE. Cette dernière forme d'association est la seule que nous entendions étudier ici ; car l'association du capital à l'idée, ou bien au travail, conséquence de l'idée, association capable de produire les plus merveilleux résultats, est trop connue, trop justement appréciée pour avoir besoin d'aucun commentaire.

En outre, ces associations, si puissamment fécondes, des capitaux entre eux pour l'exploitation d'une grande industrie, d'une découverte utile, ou seulement pour la commandite d'une société commerciale, sont prévues et nettement définies par nos lois. Toutes sont mises en pratique, toutes sont connues. Les novateurs ne sauraient donc vouloir parler de celles-là. Il s'agit, en conséquence, d'une nouvelle forme d'association, entrevue dans les rêveries de leur cabinet, et dont ils prétendent faire éclater les mérites. Cette nouvelle forme, que la sagesse de nos législateurs n'aurait pas su prévoir, consisterait dans l'association du travail au travail, c'est-à-dire dans l'union ou la communauté des travailleurs entre eux pour l'exploitation collective d'une tâche agricole ou industrielle.

L'association des personnes, qu'il est convenu de prôner aujourd'hui à tout propos, est donc la seule dont nous entendions examiner la puissance et les effets pratiques dans ses applications aux travaux de l'agriculture ou de l'industrie.

---

§ Ier.

Des Associations en matière d'industrie.

Toute association suppose naturellement une exploitation.

Une exploitation ouvrière ne peut s'entendre que de deux façons.

La première hypothèse est celle d'une abrication ou d'un commerce déjà existants, dont il faut prendre la suite et continuer les affaires. Dans ce cas, il faut rembourser son capital au fondateur qui se retire.

Si plusieurs ouvriers peuvent mettre leurs épargnes en commun pour former le capital nécessaire à cette acquisition et s'associer pour exploiter le fonds déjà achalandé, connu, dont ils ont pu apprécier d'avance l'étendue et les forces, et où le crédit établi demande seulement à être maintenu, cela va de soi. Il n'y a là rien de nouveau. Cette association est prévue aux sociétés en nom collectif, ou en nom collectif et en commandite, ou en commandite par actions, etc., etc.

La seconde hypothèse est celle de la création d'une

fabrique soit pour la préparation d'objets usités dans la consommation, soit pour la production d'un objet nouveau.

S'il s'agit d'un nouvel établissement, il est nécessairement soumis aux mêmes phases que tous ses devanciers. Des ouvriers associés sont, comme tout le monde, exposés aux périls des commencements; il leur faut courir les chances d'un achalandage pour avoir des travaux à exécuter. Or, on le sait, quiconque commence n'a que bien peu de travaux à faire. Il ne suffit pas d'avoir un capital, des outils, des bras et de la bonne volonté, il reste encore à trouver l'écoulement des produits. Il faut, et ce n'est pas le moins difficile, se créer une clientèle. C'est même là l'œuvre la plus lente, car cette clientèle ne s'acquiert que peu à peu, longuement, avec l'aide du temps, qui seul fait connaître au public acheteur la valeur des produits fabriqués, et tout à la fois donne aux fournisseurs de la matière première la mesure du crédit à accorder au producteur.

La quantité annuelle des productions de l'industrie n'est pas le fait d'un hasard capricieux, elle est la conséquence des besoins mathématiquement inappréciables de la consommation.

La consommation, dont le commerce du détail est l'expression, se règle d'elle-même, elle n'est pas gouvernable. C'est donc le commerce, écho de la consommation, qui réglemente arbitrairement les productions de l'industrie, en transmettant à celle-ci, par ses commandes en fabrique, l'équivalent des demandes qui lui sont faites par la consommation générale.

La consommation ne saurait être accrue par force, elle ne peut jamais augmenter que par des effets naturels.

Ces effets sont : l'augmentation de la richesse publique, ce qui forme évidemment un plus grand nombre de consommateurs ; ou bien une production *plus économique ;*

Le bon marché, l'abaissement du prix des produits, contre-partie de l'augmentation de la richesse générale provoquant des résultats identiques pour l'écoulement des produits de l'industrie.

On ne saurait donc exagérer impunément la production sans s'exposer à ne pas trouver de consommateurs pour cet excédant ; et par conséquent, sans risquer de perdre sur cet excès de produits.

En définitive, les débutants d'aujourd'hui sont exposés aux mêmes difficultés que leurs devanciers en ce qui concerne la clientèle. Qui dit commencement, dit donc peu de travail, ce qui se traduit par peu de bras à employer. S'il faut peu de bras, il n'y a pas lieu, pour *plusieurs personnes*, de s'associer. La raison le dit.

Supposons le cas où, au contraire, la prospérité

d'une nouvelle fondation croîtrait avec une rapidité telle qu'il y aurait lieu d'y introduire, à mesure de l'accroissement des affaires, un grand nombre de travailleurs, à titre d'associés. Pense-t-on que ceux qui auront supporté les dures épreuves de la création d'un établissement appelleront le premier venu à participer aux profits qu'ils pourraient recueillir à eux seuls? Pour notre part, nous ne le pensons pas.

Supposons maintenant la possibilité de cette intervention d'associés accidentels.

Admettons que, en vertu de pactes sociaux formulés dans ce sens, on puisse entrer en participation périodique, par suite des exigences éventuelles de la manufacture. Ceux qui viendraient travailler passagèrement à titre d'associés, ou qui dès la fondation seraient là comme sociétaires, mais uniquement occupés de travaux professionnels, tous enfin, auraient-ils également le droit de gestion, le droit de connaissance journalière des affaires sociales?

Qui dit associé dit égal à tous les titres. S'il y a égalité des droits, nous laissons à penser ce que serait une entreprise quelconque où l'autorité serait ainsi divisée. Un seul moment d'humeur de la part d'un associé (d'autant plus probable que le caractère des associés en question n'est pas tempéré par les bienfaits de l'éducation), un moment de colère intempestive, aurait pour conséquence immédiate le trouble, l'insuccès, la ruine de l'œuvre commune.

Si, au contraire, aucune prérogative d'associé n'est accordée au travailleur intervenant momentanément dans l'association, il n'y est plus en réalité qu'un ouvrier, comme il le serait partout ailleurs.

Admettra-t-on que son entrée dans les ateliers en qualité d'associé ne lui confère rien de plus *qu'un droit* proportionnel dans les profits réalisés pendant la durée de son travail? Comment alors fixer cette part? Fera-t-on un inventaire tous les six mois, tous les trois mois, pour établir ses droits au moment de sa sortie de l'atelier? Lui escomptera-t-on, au départ, un profit non encore réalisé par la société? Tout cela est impraticable pour qui connaît l'industrie et ses exigences administratives.

Supposons pourtant la possibilité de cette répartition immédiate des bénéfices. Que deviendra une maison de commerce à laquelle on enlève à chaque instant ses profits? Comment pourra-t-elle jamais prendre de l'extension?

Pour en finir avec l'égalité des droits des associés et la division de l'autorité, il suffit de signaler combien la nature et l'ordre des travaux s'opposent à un pareil système.

Il faut absolument qu'un seul gouverne dans l'intérêt de tous ; qu'un seul ait droit d'initiative, que seul il soit responsable vis-à-vis des tiers. Celui-là a naturellement droit à une rémunération proportionnelle à ses attributions et à ses charges. Son pouvoir doit dominer celui des autres. Dès lors, ceci n'est plus une association ; c'est une sorte de commandite tronquée, dans laquelle les diverses obligations du travail professionnel sont substituées au capital. Là, le capital au lieu de représenter un actif réel, palpable, garantissant la moralité et le crédit de l'exploitation, consiste uniquement dans l'habileté manuelle des associés. Mais alors, quelle que soit la richesse de cette commandite en intelligence, en dextérité et en moralité, elle n'en est pas moins inappréciable, insaisissable et comme non avenue pour les tiers, auxquels elle n'offre aucune surface pour les transactions les plus usuelles du commerce, et aucune garantie pour l'éventualité d'une crise malheureuse.

Examinons maintenant le cas où les associés égaux en droits seraient aussi égaux en responsabilité.

Croit-on qu'une telle association ferait mieux pour le gouvernement d'une maison de commerce qu'un industriel agissant seul ? Et suppose-t-on que la gestion de ces sociétaires serait plus économique ?

Tous les efforts d'un industriel isolé ne tendent-ils pas constamment à fabriquer au meilleur marché possible, afin que la consommation vienne s'alimenter chez lui et n'aille pas chez ses rivaux ?

Le travail d'ouvriers associés représente avant tout, pour chacun d'eux, une main-d'œuvre journalière dont le prix doit être payé hebdomadairement ou bien à la quinzaine, paiements indispensables aux besoins quotidiens de leur ménage. Les déboursés de main-d'œuvre seraient donc les mêmes.

Ces associés n'auraient-ils pas les mêmes frais généraux de loyer, de contributions, d'outillage, d'entretien et d'amortissement du matériel? Ét en ce cas leurs productions pourraient-elles être livrées à meilleur marché? Évidemment non. En outre, au prix de revient qui serait exactement le même, il convient d'ajouter le bénéfice légitimement acquis au travail, bénéfice non-seulement indispensable pour parer aux pertes et aux non-valeurs prévues dans toute maison de commerce, mais encore afin qu'il reste au bout de l'année des profits à partager entre les associés. Le but de ces associations l'indique d'ailleurs surabondamment : ce que l'on y recherche, c'est que l'ouvrier puisse, en dehors de son salaire quotidien, avoir, dans la proportion de ses travaux, un droit de participation dans les profits réalisés par l'exploitation à laquelle il a concouru. Or, pour que ce droit ne soit pas illusoire, il faut forcément grever les produits de la manufacture du bénéfice habituel.

On ne voit donc pas jusque-là quelle espèce d'économies les associations seraient plus particulièrement aptes à réaliser. Des théoriciens seuls pourraient essayer de faire prévaloir le mérite de ces sortes d'organisations du travail, en supposant que l'ardeur d'associés constamment soutenus par le stimulant des profits espérés suffirait pour assurer la prospérité d'une telle maison de commerce.

C'est là une illusion qui se dissipe aussitôt que cette théorie est soumise à l'épreuve de la pratique.

Tout le monde sait combien il faut avoir longtemps semé avant de recueillir ; combien il faut travailler et exposer son capital avant de pouvoir encaisser quelques-uns de ces profits que, pour notre part, et malgré notre critique, nous souhaiterions de grand cœur à ces sortes de sociétés industrielles. Mais malheureusement elles ne sauraient échapper à la loi commune.

Tant que l'association produira des bénéfices, les choses seront faciles à régler. Mais que les pertes surviennent, qu'une gêne, fût-elle passagère, se fasse sentir dans les affaires sociales? Pourra-t-on alléguer que les associés n'ayant entendu faire apport que de leur habileté manuelle et de leur temps de travail, ils peuvent de bonne foi, si l'association vient à se briser, s'en retirer purement et simplement sans être solidaires des accidents survenus, et sans rester particulièrement débiteurs de personne?

Qui consentirait dans ce cas à fournir les matières premières, ou à accorder le moindre crédit à une association dans laquelle la première des obligations, la responsabilité de ses actes, se trouverait éludée, et où un gérant sans ressources personnelles, la plupart du temps, ou pouvant décliner la majeure partie de la dette, serait la seule garantie des tiers? Qui donc serait assez téméraire pour s'exposer, dans de telles conditions, à ouvrir un crédit, pour si minime qu'il fût? Il est évident qu'une association ainsi fondée sur la négation des principes élémentaires du commerce serait impraticable.

Abandonnons maintenant cette responsabilité douteuse, et examinons l'hypothèse d'une responsabilité égale de la part de tous les coparticipants. Qu'arriverait-il alors? De deux choses l'une :

Ou la responsabilité d'associés sans surface pécuniaire et n'offrant qu'une garantie illusoire, les laisserait sans crédit et, par conséquent, dans l'impossibilité de travailler faute de matières premières ;

Ou si, par leur moralité, ils ont acquis un crédit dont ils aient usé, le naufrage survenant, ils se trouveront en présence d'un passif incombant à chacun d'eux en particulier. Il leur faudra reprendre alors leur carrière laborieuse avec une dette grevant lourdement leur avenir, et que, malgré toute leur activité, toute leur loyauté à tenir des engagements sacrés, ils ne parviendront pas de très-longtemps à solder.

Dans l'un comme dans l'autre cas, des dangers imminents menacent ces associations, où nous ne pouvons découvrir un côté sérieusement pratique, et par conséquent réalisable.

Nous ne sommes pas seul à penser de la sorte; car voici comment s'exprimait M. Ollivier, dans son rapport du projet de loi sur les coalitions (1) :

(1) Séance du Corps législatif du 28 avril 1864.

« Que le salaire soit le dernier mot des rapports » entre le capital et le travail, je ne le crois pas; que » l'association, sous une certaine forme puisse ajouter » à la part fixe réservée à l'ouvrier, une part dans les » bénéfices, je l'admets et je le désire. Mais après avoir » signalé avec tant d'éloquence les inconvénients de la » coalition, vous eussiez dû, mon honorable contradic- » teur, indiquer que si l'association présente pour l'ou- » vrier une *perspective magique* en ce sens qu'elle lui » fait entrevoir la possibilité d'une participation à des » bénéfices qu'il suppose toujours très-considérables, » elle recèle aussi ce danger : que quand elle sera » devenue la forme des rapports entre le capital et le » travail, l'ouvrier subissant les risques de l'opération, » retombera dans l'incertain et l'aléatoire, tandis que le » salaire lui donnait le certain et le fixe. »

Mais, nous dira-t-on, jusque-là vous n'avez supposé que des ouvriers associés, SANS CAPITAL. Nous avons déjà expliqué pourquoi nous circonscrivions la question sur ce point. Veut-on, pour ne rien laisser en dehors de la discussion, envisager l'association commanditée, ce sera une redite.

Un capitaliste, ou un capital actions, auquel il convient de commanditer une association au lieu de commanditer un seul individu, a certes le droit de le faire. Cette forme de société est depuis longtemps prévue par nos lois civiles, l'usage en est familier; il suffit de le rappeler pour montrer qu'il n'y a pas lieu d'en faire mention dans ce travail.

Mais si l'on entend par ces sortes de commandites des fonds avancés par l'État, alors nous nous élevons de toutes nos forces contre un tel système. Autant nous trouvons juste et naturel que le gouvernement vienne parfois en aide à un établissement industriel momentanément gêné, et qui procure un travail sérieux, utile aux populations ouvrières d'une localité, autant nous désapprouvons ces soi-disant AVANCES faites à des associations ouvrières. Ce que l'on veut bien décorer du nom d'avances est toujours un capital perdu, car les exploitations de ce genre manquent d'éléments de vitalité, et l'on expose ainsi à faire dévorer par un petit nombre le capital provenant de tous, appartenant à tous, et que l'équité commande d'employer au profit de tous.

Si l'on songe aux défaillances auxquelles le caractère de l'homme est sujet, surtout l'homme privé d'instruction et naturellement disposé à suivre l'impulsion de ses instincts, on sentira tout de suite combien le principe de la commandite par l'État ou *du prêt officiel au travail* est dangereux, combien il est nuisible au progrès de la moralité populaire.

Que la classe ouvrière en vienne à penser qu'il suffit de s'associer pour avoir droit à une avance de premier établissement de la part du gouvernement, que deviennent l'ordre et l'économie dans la vie laborieuse? A quoi bon l'épargne? Cette expression substantielle de l'économie. Il n'y a plus pour les ouvriers aucun motif à économiser, puisque *de droit* l'État leur doit l'argent nécessaire à la réalisation de leurs projets d'indépendance industrielle.

Dès lors, n'ayant plus aucun intérêt à amasser par eux-mêmes cet argent, il n'y a plus lieu pour eux de compter avec la dépense, ni de garder une conduite régulière et de refréner des penchants désordonnés.

En poussant ce raisonnement à ses conséquences naturelles, quel succès pourrait-on attendre d'une association où les idées de conduite et d'économie seraient inconnues des intéressés ?

Nous aurions cru que les expériences déplorables du passé suffiraient aujourd'hui pour démontrer la vanité de semblables tentatives. Que reste-t-il, en effet, des associations tentées en 1848 notamment? Peut-être une seule, dont les statuts primitifs ont été radicalement changés depuis, et dont le gérant fondateur, qui avait en lui l'étoffe d'un fabricant et d'un commerçant, s'est séparé dès les premiers temps pour monter une fabrique à son compte personnel. Quant aux autres associations, elles ont disparu depuis longtemps, et les avances de l'État y ont été englouties sans profit pour personne.

Ceux qui sont au courant de l'industrie savent à quoi nous faisons allusion, et ils pourraient ajouter avec nous que cette association survivante vend plus cher que les autres fabriques similaires. C'est son droit évident, mais la consommation générale n'y a trouvé aucun avantage, et c'est le point qu'il nous importait de signaler.

Remarquons-le bien, ce n'est pas seulement à Paris que ces sortes d'associations ont été tentées en vain ; les essais qui eurent lieu dans la province furent tout aussi malheureux. La même chose s'est passée à Lyon.

Dans une étude aussi savante qu'approfondie des associations ouvrières du département du Rhône, ouvrage couronné par l'Académie impériale des sciences, belles-lettres et arts de Lyon (1), et consacré à l'étude des associations de secours mutuels, M. J.-C. Rougier a rappelé avec un rare talent l'histoire de ces associations industrielles avortées.

Laissons-lui la parole :

« Les événements qui suivirent la révolution de 1848 devaient précipiter la solution des questions relatives aux associations. Ils donnèrent lieu d'abord à une tentative nouvelle, consistant dans la formation de sociétés industrielles et commerciales entre ouvriers.

» Le 25 février, le gouvernement provisoire avait décrété que « les ouvriers doivent s'associer entre eux » pour jouir du bénéfice légitime de leur travail. » — Quelques jours après, une Commission avait été instituée pour donner satisfaction aux intérêts des travailleurs.

(1) Paris, 1864, Guillaumin et Ce.

» La présidence en revenait de droit à celui des membres du gouvernement provisoire qui avait écrit, dans son livre sur l'organisation du travail : « la con- » currence, c'est le mal; l'association, c'est le re- » mède. »

» Il n'entre pas dans notre plan d'examiner quels furent les actes de cette Commission; il nous suffit de rappeler que, sous l'influence des idées qu'elle avait préconisées, et après le rapport présenté au nom du comité des travailleurs, l'Assemblée nationale votait, le 5 juillet 1848, un décret qui ouvrait un crédit de 3 millions, destinés à être répartis entre les associations librement contractées, soit entre ouvriers, soit entre patrons et ouvriers.

» Le montant de ce crédit devait être avancé à titre de prêt sur l'avis d'un conseil d'encouragement formé par le ministre de l'agriculture et du commerce (1).

» Immédiatement, des sociétés d'artisans de diverses industries s'organisèrent à Paris, au nombre de *trente*, et reçurent, à titre de prêt, 890,000 francs. Nous n'avons pas à nous en occuper; elles ont été, d'ailleurs, l'objet d'une étude approfondie et consciencieuse.

(1) C'est à la suite de ce vote que M. Thiers disait au rapporteur de la loi : « Ce n'était pas 3 millions qu'il fallait nous demander, c'était 20 millions; nous vous les aurions donnés. Oui, 20 millions ne seraient pas trop pour faire une expérience éclatante qui vous guérît tous de cette grande folie..... » (Journal *l'Atelier*, numéro du 27 février 1850, p. 480.)

» Sept ou huit demandes de prêt furent adressées au conseil d'encouragement par des sociétés du département du Rhône; deux seulement furent accueillies. Elles émanaient de l'association des *ouvriers veloutiers réunis* et de celle des *ouvriers fabricants de soieries.* La première obtint un prêt de 200,000 francs ; la seconde reçut au même titre 100,000 francs. L'une et l'autre avaient un gérant administrateur et responsable, assisté d'un Conseil de surveillance, et des associés commanditaires, pris pour la plupart dans la classe ouvrière, devant verser chacun un capital de commandite partie en espèces, partie *en prix de façons et d'industrie.* Les statuts furent rédigés par actes authentiques et soumis aux formalités de publicité exigées par la loi.

» Cette tentative paraissait réunir les conditions les plus favorables et opérer une heureuse alliance entre le concours du capital et celui du travail. Les commanditaires, pour la plupart ouvriers, avaient l'espérance de recevoir, en cas de réussite, outre le salaire de leur industrie, une part dans les bénéfices en proportion de la valeur de leur commandite; mais, en cas de perte, leur insolvabilité devait hâter la ruine de l'entreprise. C'est malheureusement ce qui arriva, et bientôt furent justifiées les prédictions émises par M. Thiers dans son rapport sur l'assistance publique :

« Une collection d'ouvriers ne saurait être pour elle-
» même ni vigilante, ni sévère, ni forte en volonté, ni
» économe, ni éclairée comme il faut l'être pour diriger
» avec succès une entreprise industrielle. Un maître

» qui ne peut pas renvoyer des ouvriers, différencier » leur salaire d'après leur mérite, les obliger à travailler » avec telle ou telle activité, prendre ses résolutions à » lui seul, et à l'instant, ne saurait prospérer. Les asso- » ciations ouvrières ne sont autre chose que l'anarchie » dans l'industrie. Les faits qui se passent actuellement » en seront bientôt la démonstration la plus palpable... » Votre Commission déclare, en outre, qu'elle ne croit » pas à des collections d'individus les propriétés néces- » saires pour l'exploitation d'une industrie quelconque. »

» Nous dirons que l'événement a donné raison à ces sages prévisions. En effet, un rapport adressé en 1858 à tous les créanciers de la *Société des veloutiers*, par le mandataire judiciaire chargé, dès 1856, de liquider cette entreprise, en attribue l'insuccès à la direction insuffisante du gérant, à l'inexpérience des membres du Conseil de surveillance, *à leur ignorance des données les plus communes du commerce*, à l'insolvabilité des commanditaires.

» A ces causes, officiellement signalées par le liquidateur, ajoutons le mauvais vouloir et l'inintelligence des ouvriers commanditaires, aussi disposés à réclamer leurs parts dans les bénéfices que rebelles à contribuer aux pertes. C'est ainsi que, sur la demande en paiement que le liquidateur dut former contre eux du montant intégral de leur commandite, la plupart répondirent en excipant soit de la ruine de la Société, qui, à leurs yeux, devait les exonérer de toute obligation, soit de la clause qui leur permettait de réaliser leur mise de fonds partie en espèces, partie en salaires d'industrie. Ils ne pouvaient comprendre que l'obligation d'un commanditaire consiste essentiellement à contribuer aux pertes sociales à concurrence du capital qu'il a promis, et que les stipulations particulières ayant pour objet de lui en faciliter le versement, par la prestation de son industrie à défaut d'espèces, ne sauraient être opposables aux tiers.

» Quelques autres associations commerciales se sont établies à Lyon en 1849, les unes en commandite, les autres en nom collectif. Moins favorisées que les précédentes, puisqu'elles n'avaient obtenu aucune avance du gouvernement, elles ont à peine existé l'espace d'un an ou deux. »

On voit que notre opinion sur ce genre d'association, opinion basée sur une pratique commerciale déjà longue, se trouve résumée et confirmée ici par les observations d'un jurisconsulte savant, dont le travail a reçu la plus haute approbation.

Malgré ces épreuves infructueuses, quelques orateurs ont cru devoir, dans deux circonstances récentes, évoquer la fantasmagorie des illusions dont l'expérience a fait justice.

« M. Jules Simon, » dit encore le journal *la Patrie*, dans son compte rendu des conférences de la salle Barthélemy, « en faisant ressortir les conséquences » morales de semblables associations, a trouvé des ac-

» cents éloquents pour apprécier la société qu'entrevoit
» son esprit dans l'avenir, et puis, abordant la ques-
» tion du travail, il a fait appel à *l'entente des patrons*
» *et des ouvriers*. »

Dans un discours lu à la séance du 28 avril, à propos de la loi sur les coalitions, un des membres de l'opposition n'hésite pas, lui non plus, à user d'arguments comminatoires :

« Non ! s'écrie-t-il, la société ne peut pas rester dans
» cet *état de guerre* que l'absence de garanties pour
» les uns comme pour les autres a *créé entre les ouvriers*
» *et les patrons*. Oui ! c'est par le progrès du droit dans
» les esprits et par *l'application d'une formule plus large*
» *de la justice* qu'à la *lutte entre le capital et le travail*
» on arrivera à substituer l'équilibre et la fusion des
» classes. »

Si les orateurs qui préconisent ainsi l'association et le droit au travail par amour pour le bien public avaient vu, comme nous, les hommes travailler ensemble, il ne leur paraîtrait sans doute pas aussi facile de faire concourir à une œuvre d'intérêt commun et direct une association d'hommes. Ils pourraient juger, par eux-mêmes, que l'homme de notre époque, quoique très-civilisé, a encore besoin de perfectionnement (au point de vue des réformateurs) pour pouvoir se plier à une vie collective. Avant de chercher un succès de tribune, dans l'exaltation *des conséquences morales de l'association*, ils prendraient la peine d'étudier la valeur pratique de ces grands mots : *Droit au travail* et *association*, et leur patriotisme, mieux éclairé, les ferait, nous en sommes convaincu, regarder à deux fois avant d'agiter aux yeux des masses populaires cet étendard trompeur de l'association et de l'organisation du travail, qui ne peut les mener à aucune conquête vraiment utile à leurs intérêts.

« Dieu, en donnant à l'homme des besoins, en lui » rendant nécessaire la ressource du travail, a fait du » droit de travailler la propriété de tout homme; et » cette propriété est la première, la plus sacrée et la » plus imprescriptible de toutes », dit Turgot dans ses *Considérations sur la suppression des jurandes.*

C'est là, en effet, un droit tout à fait naturel, élémentaire, et, depuis trois quarts de siècle, rien, que nous sachions, n'est venu porter atteinte à l'exercice de ce droit. A notre connaissance, aucune profession n'a été fermée à celui qui s'y est présenté avec l'aptitude requise. Qui donc conteste à aucun citoyen ce droit de travailler, le droit de vivre en travaillant? Quelle loi, quel décret l'en empêche? Toutes les lois, au contraire, sont faites en vue d'une société laborieuse, et quiconque n'a point encouru de condamnation qui lui assigne une résidence, est libre de s'établir où bon lui semble et d'y prendre le genre de travail qu'il lui plaît d'adopter. La preuve de cette liberté est dans les plaintes de l'agriculture sur la rareté des ouvriers agricoles; car si ceux-là abandonnent les campagnes, c'est évidemment qu'on ne leur interdit pas le séjour et les travaux des villes.

Invoquera-t-on alors cet argument captieux, que le droit au travail n'est qu'un droit illusoire, tant qu'on n'aura pas trouvé le moyen d'éviter les chômages?

Mais où voit-on, aujourd'hui, des chômages? N'entend-on pas, au contraire, l'agriculture et les industries placées hors des villes se plaindre hautement que les bras leur manquent. C'est qu'en effet nul, s'il est laborieux, ne manque de travail en France.

Ainsi qu'on vient de le voir, l'on fait appel maintenant à l'*entente des patrons et des ouvriers.*

A propos de quoi et sur quoi avons-nous à nous entendre? Qui vous a dit d'abord que nous ne nous entendions pas? Nous avez-vous vus ensemble, patrons et ouvriers? Si vous preniez la peine de nous visiter vous-mêmes avant d'écrire vos discours, vous verriez si l'ordre et l'activité manquent dans nos ateliers; si les ouvriers y souffrent, si nous leur faisons attendre leurs salaires et si ces salaires sont insuffisants.

Consultez nos tribunaux de prud'hommes, demandez à leurs archives de vous ouvrir leurs statistiques, vous pourrez y acquérir la preuve que les salaires ne sont presque jamais discutés, et que, de la part des patrons, s'il y a *guerre*, puisque le mot de guerre a été prononcé par vous, cette guerre n'est faite qu'à la paresse et à l'ivrognerie.

Ce qui prouve que les salaires ne sont pas insuffisants, c'est que le prix de la journée du manouvrier s'est élevé de lui-même à un taux qui attire vers l'industrie la majorité des bras disponibles, personne ne l'ignore.

Parmi les ouvriers à la journée, en effet, ceux qui savent prendre la direction d'une machine ou se rendre aptes à quelque travail particulier d'une usine, gagnent couramment de 3 fr. 50 c. à 4 francs.

Un ouvrier intelligent, pris pour les travaux de force, gagne 2 fr. 75 c. à 3 francs. La plupart ne peuvent pas aller au-delà.

Parmi les ouvriers professionnels, employés à la tâche, on voit fréquemment, dans un même atelier, un homme vigoureux et adroit gagner 10, 12 et 15 francs par jour, tandis qu'à côté de lui, un autre également fort, mais moins habile, gagnera 8 francs. On y trouvera aussi des ouvriers déjà âgés, dont les forces et la vue commencent à être affaiblis par l'âge, s'utilisant avantageusement et pouvant gagner 4, 5 et 6 francs par jour. Cela se rencontre dans nos ateliers et dans une multitude d'autres. Cet état de choses repose sur un fond de justice qu'aucun ouvrier ni aucun patron ne songe à méconnaître.

A quelle sorte d'entente veut-on donc faire allusion? Est-ce à dire que les patrons doivent associer les ouvriers à leur exploitation? En d'autres termes, [illegible] au bout de plusieurs années de luttes, un industriel aura fondé un établissement médiocre ou important, sera-t-il donc *forcé*, dès que l'établissement semblera prospérer, de s'associer les ouvriers nécessaires à ses travaux? Lors de ses débuts industriels, c'est-à-dire pendant les années de soucis et de lutte, non-seulement aucun ouvrier n'aurait consenti à être son associé, mais encore, si, durant ces pénibles années, le défaut d'une rentrée d'argent lui a fait ajourner d'un jour ou deux seulement le salaire de l'ouvrier, il n'y aura pas eu assez de blâmes et de rigueurs contre ce patron qui n'aura pu éviter un instant de gêne.

Enfin, si ce n'est pas une association complète dont on entend parler, prétend-on qu'*un droit* de participation dans les profits éventuels du patron doive être concédé aux ouvriers?

A ce propos, l'honorable M. Seydoux disait dans la séance du Corps législatif du 29 avril dernier :

« Ce n'est pas sans doute le moment d'aborder la » grave question des associations. Je dirai seulement » en passant que ce n'est ni par l'association, encore » moins par la coalition que les ouvriers amélioreront » leur sort; c'est par la participation aux bénéfices, dont » quelques grands établissements, quelques compagnies » de chemins de fer ont déjà donné l'exemple; c'est » dans la part *volontaire* faite aux travailleurs dans les » profits des exploitations, que se trouvera, selon moi, » le dernier mot de la question. »

A la bonne heure, voilà qui est pratique. La participation *volontairement accordée* est, en effet, une chose juste, parce qu'elle est laissée au libre arbitre de celui qui fait le sacrifice de ses intérêts matériels en faveur d'un intérêt moral. Cela est bien aussi, parce que la simple et volontaire admission des ouvriers à une participation dans les profits du commerce affranchit l'homme de travail d'une responsabilité dangereuse, l'encourage à s'acquitter de sa tâche avec soin, avec économie, avec probité et avec zèle, basés sur l'espoir d'une bonification dans ses gains de l'année. Cela étant bien et praticable, c'est aussi déjà fait; on vous le dit. Quelques grands établissements et des compagnies de chemins de fer en ont pris l'initiative. Nous pourrions démontrer, en citant les noms des établissements secondaires qui ont adopté cette mesure, combien cet exemple a déjà trouvé d'imitateurs dans l'industrie privée.

En effet, l'intérêt bien entendu de l'industriel qui emploie beaucoup d'ouvriers, peut l'amener tout naturellement à adopter une méthode de travail qu'il ne saurait accepter comme une obligation violemment imposée. Cela est facile à comprendre : si l'ouvrier a intérêt à rechercher les meilleures journées, le patron, de son côté, a un intérêt non moins grand à trouver les meilleurs ouvriers. Nous entendons par meilleurs, ceux que distinguent l'adresse dans les travaux et la manière d'être dans les rapports d'atelier. Croire que les patrons ne sachent pas apprécier les braves gens et n'aiment pas à s'en entourer, de préférence à ceux que leur inconduite fait errer de chantier en chantier, serait une grande erreur. Il faudrait supposer, autrement, que l'industriel préfère le trouble et les tracas à la paix si nécessaire à tous les genres de travaux.

La participation volontaire dont nous voulons parler est généralement établie sur les bases suivantes :

1° Paiement, au bout d'un certain nombre d'années de travail, d'une prime dont la valeur dépend de l'importance de la fabrique. Cette prime est à la fois un encouragement offert à l'assiduité dans les ateliers, et une rétribution supplémentaire pour les travaux du passé. Elle est délivrée en un livret de la Caisse d'épargne, au nom du mari et de la femme, si l'ouvrier est marié. En exécutant ses promesses sous cette forme, le patron fait encore acte d'administration paternelle, car c'est obliger la femme à connaître d'un avantage survenu au ménage et lui donner une sorte de droit dans sa propriété. C'est aussi une précaution pour que cette gratification soit dépensée moins promptement.

2° Après l'obtention de la prime, l'ouvrier qui continue à travailler dans cette même usine est admis alors à une participation annuelle dans les profits nets de la maison. Cette participation est réglée et repose sur l'honneur du patron, dont la sagesse ne saurait en accepter l'établissement autrement, à moins de s'exposer aux plus sérieux embarras dans sa comptabilité ou ses affaires.

Telle est au moins la méthode que certains industriels

de notre connaissance et nous-même avons jugé à propos d'adopter pour nos ouvriers.

Depuis plusieurs années, nous avons occasion de pénétrer souvent dans un grand nombre d'ateliers, et il n'en est peut-être pas un où nous ne rencontrions des ouvriers que nous y connaissons depuis huit, dix ou douze ans. On peut donc en conclure que les patrons et les bons ouvriers s'apprécient réciproquement.

Les participations ou gratifications volontaires allouées aux bons ouvriers sur les bénéfices nets et annuels d'une exploitation, prouvent que tout ce qui est faisable est fait, et l'industrie n'a pas plus besoin aujourd'hui qu'autrefois d'être violentée pour suivre la voie de la raison et de la philanthropie.

Nous n'insisterons pas sur la souveraine injustice du principe de la participation obligatoire. Personne n'admettrait comme juste, que si un homme imagine une simplification mécanique, s'il découvre un produit nouveau; si les études longues, fatigantes, arides, auxquelles s'astreint un industriel quand les travaux du jour ont cessé pour ses ouvriers, engendrent une idée utile à son industrie, il devra faire participer le premier venu aux résultats de ses découvertes, uniquement parce que ce premier venu est ouvrier dans ses ateliers. Ce serait tuer tout esprit de recherche ou d'initiative, ce serait la mort de tout progrès.

Si l'ordre actuel des choses, résultant des rapports

des hommes de labeur entre eux, ne semble pas une preuve suffisante; si l'expérience n'est rien aux yeux des réformateurs, ils pourront, en dehors de ces considérations pratiques, trouver encore dans l'étude du caractère de l'homme des manifestations tout aussi concluantes.

Le caractère du Français a toujours été, avec juste raison, regardé comme avide d'indépendance. Il est d'autant plus incapable de se plier aux exigences d'une association nombreuse qu'à deux elle est déjà difficile. Demandez aux greffes des tribunaux de commerce combien il y en a de rompues pour cause d'incompatibilité d'humeur; lisez assidûment les annonces légales des sociétés commerciales, et voyez combien sont dissoutes, d'*un commun accord entre les parties*. Ce ne sont pas là des règles absolues, sans doute, mais enfin ce sont des témoignages à prendre en considération, à l'appui de notre critique.

Il est regrettable que des hommes de valeur, mais sans expérience pratique, dépensent leur intelligence en discours, en écrits, que les gens sensés ne sauraient approuver, car ils décèlent chez leurs auteurs une ignorance complète des éléments de la question; et, conséquence plus fâcheuse, ils peuvent ainsi, malgré eux, rendre des utopies séduisantes complices de sérieux désordres.

Il ne suffit pas d'avoir de la facilité à parler ou à écrire; les idées justes, fécondes, utiles, pratiques n'en viennent pas pour cela au courant de la parole ou de la plume. Il faut, pour pouvoir traiter utilement des sujets d'un si profond intérêt, avoir été, plus que pour tous autres sujets peut-être, mûri par toutes les expériences de la vie pratique.

Cicéron, dans son *Traité de la République,* l'avait admirablement compris, lorsqu'il disait :

« Ceux qui ont la prétention de gouverner une ré-
» publique doivent toujours avoir devant les yeux deux
» préceptes de Platon, le premier de mettre à l'écart
» dans leurs actions, tout intérêt particulier pour ne
» s'occuper que du bien général ; le second, de s'at-
» tacher à être utiles au corps entier de la république
» et non à une seule de ses parties. Car, en favorisant
» une classe de citoyens au préjudice des autres, ils
» excitent infailliblement dans la cité deux choses très-
» pernicieuses, la sédition et la discorde. »

La sédition, c'est-à-dire la violence, n'est point encore arrivée, mais ne ressent-on pas déjà les symptômes d'une certaine discorde, regrettable à tous égards?

Personne de nous n'a oublié la confiante déférence qui présidait, il y a dix-huit ou vingt ans, aux rapports des ouvriers avec leurs patrons, et de la part des serviteurs de la famille pour ceux dont ils partagent pour ainsi dire la vie domestique. Quelle différence aujourd'hui ! Qui n'a pas à se plaindre de ses subordonnés? Et pourtant, est-ce là l'intérêt de ceux-ci? Nullement. Mais, imbus d'idées fausses, s'exagérant l'étendue de droits civils auxquels la loi assigne pourtant très-clairement pour limite le droit d'autrui, ils se figurent avoir un droit particulier plus étendu. Pourquoi en sont-ils venus là? Parce que les flatteurs du peuple n'hésitent pas à prêcher des théories dont les aspirations populaires arrivent à tirer des conséquences imprévues de ces orateurs mêmes et qui outrepassent la plus simple légalité.

Il a toujours été facile d'agiter les masses avec des mots, et l'immortel orateur que nous citions plus haut le savait bien.

« Le peuple, dit-il, dans ses assemblées, ne juge » point, il se laisse presque toujours entraîner à la » faveur ; il cède aux prières, il favorise celui qui le » flatte davantage ; s'il veut juger, ce n'est point la sa- » gesse ou le discernement qui le dirige, mais une » impulsion aveugle et une espèce de témérité ; car il » n'y a dans le vulgaire ni prévoyance, ni raison, ni » prudence, ni discernement. Rien n'est si inconstant, » si faible, si variable, si flexible que sa volonté et son » opinion. On le voit tour à tour s'indigner contre le » vice et montrer du dégoût pour la vertu (1). »

Croit-on que le peuple d'aujourd'hui ne soit pas le peuple d'autrefois? Est-ce que le peuple romain de César et de Cicéron n'était pas un peuple policé, élégant, instruit dans la justice et dans la valeur de ses

(1) Cicéron, *De Republica*, lib. II.

droits? Est-ce que l'homme n'est pas éternellement le même, soumis, à tous les âges du monde, quoique sous des formes et des costumes différents, aux mêmes impressions, aux mêmes instincts, aux mêmes aspirations, et subissant enfin des passions identiques à celles qui ont agité ses ancêtres?

Mais rentrons dans notre sujet.

L'industrie, nous pouvons le proclamer, n'a jamais abandonné l'intérêt du peuple; c'est elle au contraire qui, en toute occasion, manifeste surtout et efficacement ses sympathies. Ce n'est pas par des grands mots, il est vrai, ni par des phrases plus ou moins redondantes qu'elle témoigne ses sentiments envers les masses ouvrières, mais bien par des actes. Et si, à juste titre, on est disposé à s'intéresser au sort des ouvriers, il ne faut cependant pas oublier que les patrons, à leur tour, sont dignes de sollicitude; car ce sont eux qui, chefs d'usines, exposent leur fortune, leur personne, leur honneur même aux chances des affaires. Ce sont eux qui donnent leurs journées et leurs veilles à la direction d'une fabrique, appliquant tous leurs efforts à produire avec économie les objets nécessaires à la consommation générale; tenant des chantiers ouverts aux ouvriers laborieux, protégeant et soignant chaque membre d'une petite famille manufacturière dont ils répondent et qu'ils aident de leurs personnes et de leur bourse. Voilà ce qu'il ne faut pas perdre de vue.

M. Émile Ollivier, dans la séance du Corps législatif

déjà citée par nous, s'écriait avec sagesse : « Quant à » moi, Messieurs, je crois que le but suprême de la » politique est, non pas de flatter et d'exciter le peu- » ple, mais de l'élever et de le soulager. »

Cette pensée, nous la partageons du plus profond de nos convictions; c'est pourquoi nous estimons qu'il faut savoir s'affranchir de toute appréhension et ne pas hésiter à dire aux ouvriers ce que l'expérience a démontré comme vrai.

Or, la vérité ici est qu'il faut laisser chacun poursuivre sa carrière dans la plus complète indépendance, car les routes ont été aplanies pour tous également; car tous peuvent arriver aux plus hautes destinées s'ils savent s'en rendre dignes.

Il faut laisser les patrons débattre librement le prix des salaires avec leurs ouvriers, et laisser l'ouvrier prélever, à son gré, sur son salaire, l'épargne que sa prévoyance doit l'engager à faire, et pour la capitalisation de laquelle les établissements financiers les plus sûrs s'offrent à l'économie populaire.

Parmi ces établissements, il faut classer en première ligne les sociétés de secours mutuels, ces bonnes, honnêtes et éminemment fécondes associations des petits capitaux entre eux ; cette union bienfaisante des modestes épargnes du travailleur, produisant au profit des sociétaires un droit honorable d'assistance réellement fraternelle.

Ce sont ces associations de secours mutuels qui font le principal objet du livre cité plus haut, que vient de publier M. Rougier ; elles y sont étudiées d'une manière si parfaite, à tous les points de vue, que l'honorable membre de l'Académie, chargé de faire un rapport sur cet intéressant ouvrage, n'hésite pas à le qualifier de « code raisonné auquel les institutions de secours » mutuels ne peuvent mieux faire que de se con- » former. »

L'auteur, en déterminant les mérites de ces modernes et utiles associations, en complète la description en quelques lignes d'une remarquable clarté, définissant à merveille la prospérité que l'avenir leur réserve.

« Elles forment aussi, dit-il, des personnes morales, » ayant leur vie propre et leur patrimoine, susceptibles » de s'enrichir par des libéralités ou par les effets d'une » sage et économe administration. »

C'est en effet un avenir qu'on peut prédire en toute assurance maintenant. Le mécanisme de ces sortes d'institutions est aujourd'hui généralement compris des classes laborieuses, et beaucoup en ont éprouvé déjà les bienfaisants résultats.

Entre autres avantages attribués par le savant commentateur à la mutualité, il y a surtout à citer ceux-ci, également frappants par leur haute moralité et par leurs effets pratiques :

« En allégeant les charges diverses de la famille, elle

» invite le célibataire à en goûter les joies ; elle lui » rappelle qu'une vie sans foyer est presque fatalement » une vie de désordre ; elle lui montre par l'exemple » que si l'économie est difficile dans l'isolement, elle » l'est bien moins dans la vie de famille, parce que » l'épargne n'est conseillée au célibataire que par la » raison, tandis que c'est le cœur qui la conseille au » père et à l'époux. »

Et autre part :

« Par la constitution de pensions de retraites aux » sociétaires âgés, elle assure à leur vieillesse indépen- » dante et respectée une place plus digne au foyer de » leurs enfants, dont ils ne sont plus réduits à implorer » le secours. »

Après avoir rappelé sommairement les heureux résultats dus aux sociétés de secours mutuels, le fonctionnement simple, honnête et sûr de ces utiles institutions, nous n'avons plus qu'à prier instamment les prétendus réformateurs de formuler autre chose que des énoncés de systèmes, et de désigner nettement enfin les éléments qui peuvent manquer encore aux bases de la société moderne, pour continuer l'élévation du magnifique édifice de la prospérité et de la splendeur nationales.

§ II.

Dė l'association en matière d'exploitations agricoles.

Nous terminerons maintenant ce qui est relatif aux associations des personnes par un examen sommaire de leur application aux travaux de l'agriculture, afin de rechercher si, à ce point de vue, l'association des travailleurs est susceptible d'offrir des avantages d'exploitation demeurés inconnus jusqu'à ce jour.

Quand le Code Napoléon vint assurer à tous les citoyens la garantie de l'héritage paternel, et que, par le droit de successibilité, chaque citoyen fut appelé à posséder une parcelle de terre, il était naturel de voir l'homme, dont la première notion est d'apprendre qu'il doit demander ses moyens d'existence à la terre, planter et ensemencer sa part d'héritage, de façon à en tirer à peu près tout ce qui lui est nécessaire.

A l'époque où il pouvait réfléchir ainsi sur sa destinée, il devait se trouver d'autant plus affermi dans cette pensée que le commerce de la France était pour ainsi dire nul, les moyens de transport d'une province à l'autre difficiles, et rien ne pouvait l'arracher à des habitudes que sa prévoyance de père de famille lui disait de conserver.

Aujourd'hui, il n'en est plus de même; les héritages ruraux, morcelés à l'infini, n'offrent plus à beaucoup de leurs possesseurs qu'une ressource insuffisante aux besoins d'un ménage.

Ce patrimoine rationnel dont veut parler Pline l'Ancien quand il dit : « Il faut que la maison suffise à la terre » et la terre à la maison », ce fonds de la famille que l'homme laborieux a pu venir à bout de créer pour lui-même, est fatalement divisé par sa mort. Les droits héréditaires fractionnent bien vite ce tout, et l'héritier de chacune de ces fractions a pour ressource, si son fonds est insuffisant pour lui, de louer son travail au propriétaire du fonds voisin, qui, possédant une étendue de terre plus grande, assume un travail au-dessus de ses forces, et doit, par conséquent, recourir au travail d'autrui pour cultiver sa propriété.

Le propriétaire parcellaire a donc, s'il le veut, la faculté de demeurer dans son hameau, d'y faire valoir lui-même sa part d'héritage et d'y utiliser avantageusement le surplus de son temps.

En agriculture comme dans l'industrie, il faut donc savoir associer le travail au capital. Or, cette association entre le capital et le travail ne peut exister, nous l'avons expliqué précédemment, que quand le travail, suffisamment rétribué d'une part, fait prospérer le capital d'autre part.

Il y a là une solidarité féconde, utile, essentiellement pratique et d'une vérité rigoureusement démontrée par l'histoire de la plupart des peuples.

La première proposition qui s'offre à la pensée, à propos de l'application du système de l'association aux travaux agricoles, est celle-ci :

Si les propriétaires parcellaires mettaient leurs biens en commun, et formaient entre eux une société, ils constitueraient une exploitation plus importante, une sorte de grande ferme. Pouvant cultiver leur fonds collectivement, avec un matériel complet d'exploitation, ils arriveraient ainsi à produire des économies notables dans les frais de culture.

A cela nous répondrons que si le moyen eût semblé bon, il y a assez de gens intelligents parmi les plus intéressés, pour que la tentative ait été faite; mais la somme des inconvénients l'emportant sur celle des avantages, on n'y a pas eu recours. En effet, cette combinaison, si l'on veut en étudier le mécanisme pratique, ne produit pas, dans son application, les économies que la théorie semblerait promettre.

Supposons que l'espérance d'un avantage nouveau décide plusieurs cultivateurs à mettre en commun l'exploitation de leurs terres. Comment arriver à une répartition équitable des fruits de chaque année entre les coparticipants, autrement que par un compte rendu minutieux et rigoureux des travaux personnels de chaque associé, pendant chacun des jours de l'année, et par une étude suivie des frais de culture et du rendement de chaque pièce de terre mise en société?

Il faudrait ne pas connaître du tout l'esprit du cultivateur, surtout du cultivateur parcellaire, pour penser qu'il puisse accepter une répartition qui ne représenterait pas la rigoureuse proportion de ses droits. Pour si peu que l'on soit initié à l'esprit des campagnes, on ne manquera pas de remarquer combien, au contraire, chacun serait disposé à trouver que celui dont la terre aurait produit le moins, occasionne aux autres un préjudice dans leur part distributive.

Un semblable système d'exploitation entraînerait nécessairement une comptabilité journalière et des écritures minutieuses, tenues avec un ordre rigoureux. Cette intervention d'un comptable parmi des gens dont tout le temps est absorbé par les travaux des champs et qui, pour la plupart, n'ont besoin d'aucune comptabilité pour se rendre un compte très-exact du résultat de leur culture, ne serait appréciée d'aucun d'eux. En vain, ce comptable serait-il pris parmi les associés, et ne donnerait-il aux écritures qu'une partie de sa journée. Si peu d'instants qu'il dût y consacrer, ce serait toujours du temps perdu pour les travaux de la terre, qui, primitivement, l'absorbaient tout entier. Voilà ce que diraient les autres.

On ne saurait admettre qu'une comptabilité ne serait pas nécessaire, car aucune association ne saurait s'en passer; et là, plus que partout ailleurs, la plus rigoureuse exactitude est indispensable.

Si, au contraire, ces fonctions administratives étaient confiées à un agent non associé, combien de sociétaires trouveraient, et à juste raison, qu'au moment où on se plaint de la disette des bras pour la terre, on en paie là d'inutiles pour ce travail! N'espérez point faire comprendre au cultivateur qu'il est avantageux pour lui de prélever sur le produit de ses sueurs les appointements d'un comptable; jamais l'homme qui travaille de ses bras n'apprécie la peine et le mérite de celui qui travaille de l'esprit.

Nous ne parlerons pas des méfiances que la comptabilité la plus fidèlement tenue ne manquerait point de provoquer parmi ces associés. L'habitant des campagnes est naturellement soupçonneux, et infailliblement il suspecterait la comptabilité sociale d'être plus favorable à ses partenaires qu'à lui-même. Que de petites jalousies naîtraient d'une pareille organisation. Ne fût-ce que dans les travaux, l'associé trouverait bien souvent motif de plainte dans l'ordre suivi pour la culture des champs ou vignes dont il ne serait pas le nu propriétaire. Pour qui connaît les hommes, il est aisé de prévoir que mille raisons, futiles en apparence, mais décisives en réalité, entraveraient la réussite de toute association de ce genre.

Supposera-t-on encore le cas où, au lieu de demeurer nu propriétaires, tous les associés abandonneraient, sur estimation, fonds et fruits, à titre d'apport social, et se dessaisiraient de leurs droits individuels tout entiers au profit de la société? Qu'arriverait-il dans cette hypothèse? Une exploitation d'une certaine étendue étant établie, cette société subirait infailliblement toutes les nécessités inhérentes à son importance. Elle devrait suivre les mêmes voies que toutes les autres cultures. Il lui faudrait nécessairement une pensée dirigeante, c'est-à-dire un gérant donnant des ordres, *gouvernant seul* l'exploitation, allant aux foires et dans les marchés vendre les récoltes et les bestiaux, acheter le matériel nécessaire; et cela, sans contrôle aucun. On ne saurait admettre que plusieurs, ni même un seul associé dussent toujours le suivre, dans l'exercice de ses fonctions, afin de contrôler ses actes. Pense-t-on que des associés, travaillant la terre, s'accommoderaient de cela? Mais ce gérant, fût-il le plus vertueux et le plus sage des hommes, n'en serait pas moins suspecté, à chaque instant, par ses coïntéressés. Que de griefs se produiraient, que de discordes, que de procès, viendraient paralyser son action ou, autrement, combien pour s'en affranchir sa gestion devraît être tyrannique.

Qu'une seule fois les récoltes soient moins bien vendues qu'elles n'auraient pu l'être, le gérant aura sur-le-champ perdu toute la confiance des associés. Or, les associés désaffectionnés, n'étant plus retenus par le lien de la propriété personnelle, divisés entre eux par un sentiment de défiance n'auront plus qu'un but : briser l'association, en sortir indemnisés et porter ailleurs leur industrie.

Quelle amélioration cette prétendue puissance de l'association eût-elle donc apportée là? Une économie dans les frais généraux élémentaires? Non. On a pu l'apprécier.

Dans l'importance ou dans l'entretien du matériel? Pas davantage.

Divisée ou collective, la culture d'une s rface de terrain donnée nécessite un matériel qui est le même dans l'un comme dans l'autre cas, et, pratiquée avec les mêmes soins, produit annuellement la même usure dans ce matériel. Donc, au point de vue de l'économie générale, on n'obtient aucun avantage nouveau, et, au point de vue des profits particuliers de l'associé, on ne découvre aucune amélioration réelle.

Examinons enfin l'hypothèse d'une communauté d'ouvriers agricoles associés entre eux pour exploiter collectivement et à l'entreprise un certain nombre de petites propriétés prises à ferme par elle.

Ici, le cas est différent; il ne s'agit plus de l'immixtion d'un propriétaire du sol dans ces sortes d'assotions, mais d'une association restreinte à des personnes de même position, de même profession et de même labeur.

Mais remarquons qu'ici, comme dans l'industrie. indépendamment des difficultés inhérentes aux associations de cette espèce (et que nous avons signalées), celle-ci aurait l'inconvénient de ne présenter d'autre gage au propriétaire du fonds que celui du travail auquel les associés seraient particulièrement aptes pour faire valoir ses terres. Ces associations d'ouvriers agricoles n'offriraient donc pas de garanties suffisantes pour qu'un propriétaire ou des propriétaires unis se dessaisissent de la jouissance de leurs biens, en échange de loyers dont la rentrée serait plus que douteuse.

Objectera-t-on, en faveur de ces associations hypothétiques de travailleurs sans capitaux, qu'au moyen d'une sorte de crédit mobilier applicable aux travaux fonciers, les associations agricoles pourraient trouver l'argent nécessaire à leur exploitation?

Mais il faudrait ignorer les principes les plus élémentaires en économie politique, pour admettre une semblable combinaison. Ces principes démontrent clairement le peu de chances de succès qu'il y aurait pour les associations agricoles à introduire des obligations financières dans leur organisation sociale. Il est aisé de s'en rendre compte. La propriété terrienne étant un placement sûr, on paie, et on paiera toujours cette sécurité, en n'exigeant pas de ce genre de placements le revenu que peut donner un placement mobilier, toujours exposé, en dépit de la prudence et des précautions légales. Il est évident que deux placements de valeur inégale doivent produire des revenus différents ; c'est justice.

On voit donc déjà qu'il serait impossible de concilier

ces deux sortes d'associations, puisque les associés auxquels nous faisons allusion seraient forcés de payer à tout le moins au taux de 5 0/0 un capital qui, placé dans leur exploitation agricole, ne rapporterait que 3 ou 4 0/0. Ceci est un point hors de toute discussion, le taux de la terre ne peut être le taux de la banque; or, celui qui paie plus qu'il ne produit, peut-il concevoir la moindre espérance de succès?

L'homme sensé qui ne se contente pas de vivre au jour le jour, doit s'efforcer de voir au-delà de ce qui lui est offert comme un avantage pour le présent. Si l'on recherche jusqu'où les utopies peuvent conduire ces sortes d'associations, la *logique des faits* montrera qu'elles aboutiraient à l'absurde, au renversement de l'ordre normal des travaux populaires, et conséquemment au préjudice des travailleurs agricoles assez imprudents pour le tenter.

En veut-on un exemple?

Que l'on se figure les impressions d'un propriétaire réduit à confier l'exploitation de ses terres à une association de ce genre; ne deviendrait-il pas tout naturellement indifférent aux travaux agricoles où il n'aurait plus le droit, si intéressant, d'initiative dans les cultures? Étranger en quelque sorte à son propre bien, il n'y verrait plus qu'un placement de capitaux. Or, ne pouvant obtenir de cet emploi de son capital l'intérêt d'un placement mobilier, celui des obligations de chemins de fer, par exemple, il vendrait.

Supposons maintenant qu'il cède à une association d'agriculteurs, en basant la valeur de sa propriété sur un revenu de 3 0/0, taux moyen du produit de la terre. Nécessairement, il vendrait, pour devenir maître de son capital et en avoir la libre disposition, cela est évident. Pour le désintéresser, l'association devrait donc emprunter aux établissements financiers un capital à raison de 5 0/0 d'intérêt. Par conséquent, la propriété qui rapportait 3,000 francs devrait en rapporter immédiatement 2,000 en plus, c'est-à-dire 5,000 francs, afin que le nouveau détenteur du fonds, *l'association,* puisse faire honneur à ses engagements. Pour atteindre cet excédant de recettes, en admettant qu'il soit possible de l'obtenir, il aura fallu le double de travaux, le double de peines, et l'on n'aura, en définitive, gagné aucun avantage supérieur, le profit net demeurant le même. Les charges seules auraient augmenté.

Pour qu'il en soit autrement, il faudrait donc qu'aussitôt après l'achat d'une terre par une association, les fruits du sol augmentassent de valeur dans la consommation, ce qui entraînerait immédiatement une plus grande cherté dans l'alimentation générale. Mais avant d'arriver à cette plus-value dans les produits agricoles, que se passerait-il ? Le commerce tirerait à meilleur marché des produits similaires de l'étranger, et la hausse indispensable à l'*existence financière* de ces associations ne se produisant pas assez vite, après s'être épuisées en vains efforts, elles succomberaient fatalement. Leurs dépouilles immobilières, vendues au plus offrant et dernier enchérisseur, seraient rachetées par leurs précédents propriétaires peut-être. Ceux-ci, en effet, ayant leur capital liquide placé à bon intérêt et en valeurs sûres, pourraient le réaliser facilement et reprendre la tâche primitive dont des tentatives théoriques mal conçues les auraient temporairement écartés.

Les lois humaines peuvent bien modifier avec quelque promptitude les rapports sociaux des citoyens entre eux, mais le temps est le seul régulateur de leurs intérêts matériels. Ce sera toujours un rêve que de vouloir imposer des organisations théoriques aux travaux des hommes.

Enfin, pour en terminer sur ce point, si cette association d'ouvriers agricoles présentait pourtant des garanties capables de la faire accepter du propriétaire? Il n'y aurait encore rien d'innové à cet égard, puisque ce serait simplement le fermage, dont nos lois civiles contiennent la définition, aussi bien que celle du métayage, autre mode de l'exploitation agricole.

Le fermier, au lieu d'être un chef de famille venant avec sa femme, ses enfants, ses ouvriers et son bétail, exploiter des terres affermées d'un ou de plusieurs propriétaires, afin de se créer, dans un canton, une industrie agricole au niveau de ses aptitudes, de son expérience personnelle et des moyens dont il dispose; ce fermier, disons-nous, serait représenté ici par une association de travailleurs et pas autre chose.

Comme moyen économique, il n'y aurait donc rien

de nouveau. Comme moyen pratique, il y aurait en moins les garanties morales offertes d'habitude par la famille du fermier, et, en plus, les appréhensions que doivent inspirer les germes dissolvants que portent toujours en elles les associations.

Ce système de travail en communauté serait donc une affaire de spéculation déjà connue. Ce serait aussi une spéculation fort ordinaire que d'avoir, à défaut de propriété foncière, la propriété d'un mulet, d'une charrue et d'un tombereau pour aller labourer ou faire des charrois à façon chez les propriétaires dépourvus de ce matériel.

Mais si ce dernier genre d'industrie est facultatif à qui voudrait l'exploiter, il n'en est pas moins vrai qu'avec les habitudes d'échanges de travaux entre les propriétaires d'une même localité, cette entreprise serait au moins douteuse dans ses résultats.

Au point de vue d'une plus grande facilité de culture, la question serait différente. Un grand propriétaire qui a tout le matériel nécessaire peut, en effet, faire façonner sa terre plus promptement, sur une plus grande étendue à la fois et quand bon lui semble. Mais sa terre lui rapportera-t-elle pour cela davantage que celle du petit propriétaire voisin, lequel aura été obligé de donner ses façons quelques jours plus tôt ou quelques jours plus tard ?

Un matériel complet, il ne faut pas l'oublier, n'est

pas indispensable à CHAQUE cultivateur pour exploiter avantageusement sa propriété; il est aisé de le comprendre. Voici ce que l'on peut remarquer à l'égard du *matériel nécessaire pour un centre agricole.*

Que l'on observe un village placé dans un milieu à la fois vignoble et agricole, et dont les habitants posséderaient tout le territoire, dans des disproportions superficielles très-distinctes entre elles. Au moment de la moisson, par exemple, que voit-on? Des plaines d'une grande étendue couvertes d'un blé mûr et qu'il est temps de récolter. On s'étonnera d'abord de voir ces plaines dépouillées en peu de jours de leurs richesses. Presque partout à la fois, en effet, le blé aura été rentré. Comment cela s'est-il fait? Le petit cultivateur, qui avait déjà suffi à son champ pour l'ensemencer, en a aussi très-promptement enlevé la récolte; le grand cultivateur, lui, y aura employé en journées de travail non-seulement son personnel à l'année, mais encore tous les petits propriétaires de vignes de son voisinage, qui, n'ayant rien à faire à ce moment de la saison, sont venus s'employer utilement chez leur voisin. Après quoi le petit cultivateur de blé, son travail personnel étant terminé, est venu, lui aussi, donner quelques journées à la grande récolte.

Voilà donc tous les blés de la contrée rentrés; que deviennent alors ces champs auxquels il faut des labours et des engrais? Maintenant les rôles changent, par suite du changement dans la nature des travaux. Le grand propriétaire, pourvu de charrues et de chevaux, aura bientôt terminé ses labours, et aussitôt il rendra au petit propriétaire, en prestations de charrue, de cheval ou de charrette, pour le labourage ou le transport des engrais, l'équivalent de ce qu'il en avait reçu en main-d'œuvre de moissons. Viennent les vendanges, il lui charroie encore son vin, lui prête son cuvier, etc. C'est là la bonne association, la vraie, non pas celle imposée par des théories stériles, par des règlements inutiles, mais fondée sur le mutuel et équitable concours que les hommes doivent se prêter les uns aux autres et dont les exigences de la vie peuvent faciliter le développement. Cette réciprocité est basée sur des sentiments de moralité qui ne peuvent manquer d'améliorer l'homme progressivement en le rendant d'un commerce facile, affable et sûr, par l'habitude qu'il en contracte dans la fréquence de ses rapports quotidiens avec ses semblables. Ces échanges ont lieu presque partout, et les associations n'auraient certainement pas rendu des services plus efficaces pour la prospérité de la culture.

Quand le législateur, dans sa prévoyante sagesse, a voulu que « nul ne fût forcé de demeurer dans l'indivision », il nous paraît peu logique d'abord, et encore moins pratique, de soutenir des théories dont les résultats seraient de provoquer cette indivision. Ceux qui les préconisent ont-ils donc des raisons particulières, meilleures que celles de nos devanciers, pour croire qu'une longue indivision peut se maintenir sans danger pour les intérêts des ayants droit?

Quant à nous, ce n'est pas notre pensée, et nous

nous prononçons très-formellement contre ces sortes d'associations agricoles. On vient de le voir plus haut, il serait chimérique de mettre ses biens en communauté dans l'espoir d'en tirer un profit plus grand. Ces communautés, solidement cimentées par un acte authentique, n'ont guère d'autre résultat, l'expérience l'a démontré, que de donner à un ou deux habiles tous les droits du maître, en laissant aux autres une sorte de servage dans l'association.

Ici, comme dans l'industrie, le simple associé paraîtrait, en effet, devoir travailler mieux, parce qu'il serait censé travailler en partie pour lui-même. C'est là une pure supposition ; c'est plutôt le contraire qui aurait lieu ; car ne travaillant pas librement, c'est-à-dire n'ayant pas l'usage de son libre arbitre, il travaillerait moins bien. Cette impulsion si puissante de l'intérêt personnel n'aurait pas ici l'efficacité qu'on voudrait lui supposer, son ardeur au travail se trouvant toujours tempérée par la pensée que son travail, dans l'association, doit profiter à d'autres encore qu'à lui-même. D'autres que lui ayant le droit d'y prélever quelque chose, il se croirait toujours frustré, et ses efforts en seraient naturellement ralentis. Cette espèce d'égoïsme est tellement innée en nous, qu'il faudrait changer l'homme avant de songer à modifier les institutions sous lesquelles il vit, et qui sont la conséquence obligée de son caractère.

L'homme est né pour vivre dans la société de ses semblables ; c'est évidemment là qu'il doit se plaire ;

mais il est fait pour y vivre indépendant, et son génie particulier s'y développe d'autant mieux que son individualité est plus nettement définie et plus largement garantie.

Les Français, nous l'avons déjà dit, éprouvent ce besoin d'indépendance plus peut-être qu'aucun autre peuple ; c'est ce qui constitue leur supériorité. Aussi ne sont-ils pas faits pour l'association des personnes, ce genre d'association étant l'opposé de l'individualité. C'est pourquoi il est si étrange de voir, aujourd'hui, des hommes qui se croient les défenseurs de la liberté, réclamer cette liberté en essayant de la greffer sur des théories dont l'application serait la négation de l'indépendance individuelle.

---

§ III.

Syndicats.

Les observations qui précèdent nous amènent à un autre point de cette question des associations ouvrières, dont le compte rendu de la séance de la salle Barthélemy contient la révélation.

« Après avoir rendu justice, y lisons-nous, à la gloire » et à la grandeur de la société passée, M. Jules Simon a déclaré qu'elle possédait aussi des institutions » administratives qui ne demanderaient que quelques » modifications pour être dignes de prendre place au » nombre des améliorations nécessaires à la société actuelle. »

Il y a là un symptôme qu'il importe de ne pas laisser passer sous silence. Ce symptôme, c'est l'apologie du passé, lequel semblerait devoir trouver grâce auprès des novateurs, puisque, même à leurs yeux, il paraîtrait pouvoir fournir encore des institutions applicables à la société actuelle.

Nous pouvons donc nous attendre à voir des usages tombés en désuétude, très-prochainement revendiqués sous des mots nouveaux. Les exemples analogues ne manquent pas, et cette revendication du passé nous semble donner un tableau assez fidèle de l'état social actuel.

Les apologistes des idées modernes n'y ont peut-être pas pris garde ; mais ils fournissent ainsi un argument contre leurs tendances innovatrices de réformes théoriques. De cette évocation du passé, on peut, en effet, tirer une conséquence frappante, à savoir que la société actuelle, après une lente et naturelle transformation, est parvenue à jouir des lois, formes et mécanismes appropriés à ses nouveaux besoins; puisque ceux dont la grande occupation est de réclamer sans cesse des réformes étant impuissants à en trouver de nouvelles, se voient forcés d'emprunter au passé ce qui lui était propre.

Certes, il serait peu sensé de montrer du dédain pour le passé; son étude, nous en sommes convaincu, est indispensable, au contraire, à quiconque s'occupe de projets civilisateurs. Seule cette étude peut apprendre à connaître l'homme dans tous les âges, à comparer l'esprit des institutions qui ont régi les nations, et à juger des avantages que l'on en pourrait tirer au profit de ses contemporains. Mais nous croyons aussi que le présent, qui est forcément un résultat, une certaine expression du passé, fournit encore les éléments les plus sûrs aux investigations des réformateurs.

Le premier effet de ces tendances nouvelles se manifestera, à coup sûr, dans l'apologie, non pas des corporations, précisément, mais avec un mot nouveau, des SYNDICATS.

Si nous nous rappelons bien les discours prononcés à l'occasion de la discussion de la dernière Adresse du Corps législatif à l'Empereur, les syndicats semblaient s'y annoncer déjà comme un des nouveaux *besoins* de la classe ouvrière.

Examinons donc consciencieusement dans quel but ces sortes de sociétés ouvrières seraient formées ; quels avantages nouveaux les travailleurs pourraient en espérer, et quelle en serait l'utilité.

Le syndicat est une autre forme de l'association des personnes. Nous ne nous écartons donc pas de notre sujet, en étudiant ses effets les plus apparents dans l'ordre économique actuel.

Ce qui nous frappe tout d'abord, c'est de ne trouver aucun côté pratique dans les syndicats. Ils offrent, à première vue, au contraire, tous les inconvénients de l'ancien compagnonnage, sans en conserver les avantages professionnels.

Dans le syndicat, il ne s'agit nullement d'être habile ouvrier, d'avoir un état bien défini, qui fasse de l'homme un citoyen utile et recommandable ; il suffit de paraître faire partie de la classe ouvrière pour être admis au syndicat, et contribuer à la formation de ces sociétés populaires instituées, soi-disant, pour l'unique défense d'un intérêt personnel.

Les salaires, nous le reconnaissons, constituent un intérêt majeur pour les ouvriers ; mais croit-on que des hommes chez lesquels l'instruction est encore fort incomplète soient aptes à discuter des questions d'un ordre aussi élevé et d'une étude aussi difficile que l'est celle des salaires?

Dans ces réunions, quelque convenable que puisse être le salaire, on y tombera toujours facilement d'accord qu'il est insuffisant, et les orateurs n'auront plus qu'à proposer pacifiquement et légalement, il est vrai, une sorte de coalition contre le taux du salaire, dans l'espoir d'une élévation du prix de la journée.

Comment, par quel procédé pratique pourrait-on déterminer une augmentation des salaires? Il faudrait ne rien connaître à l'industrie pour supposer un seul instant la possibilité de lui faire subir impunément une hausse imprévue des salaires. En d'autres termes, lui faire augmenter à l'improviste ses prix de revient.

Qu'on nous permette d'alléguer un exemple :

Supposez une fabrique occupant cent ouvriers. Si ces ouvriers conviennent dans une de leurs assemblées syndicales d'exiger tous de leur patron une augmentation de salaire, et que cette augmentation équivaille, en moyenne, à 1 franc par personne, cela fera un excédant de dépense de 100 francs par jour pour le fabricant; et pour les trois cents jours ouvrables de l'année, un déboursé de 30,000 francs.

Si cet industriel n'a pas pu élever les prix de ses produits proportionnellement à cet accroissement de dépenses, qu'arrivera-t-il? Cette somme de 30,000 francs devrait nécessairement être prélevée sur le bénéfice de l'année. Or, pense-t-on qu'il y ait beaucoup de manufacturiers employant une centaine d'ouvriers, dont l'inventaire annuel présente un bénéfice net de 30,000 fr., et dans la même proportion pour ceux qui emploient une quarantaine d'ouvriers un bénéfice net de 12 à 15,000 francs ?

Le chiffre des bénéfices nets est beaucoup moins grand qu'on ne le suppose communément. Il résulterait donc d'une augmentation subite, même légère en apparence, du salaire quotidien, que le patron ne réaliserait pas de bénéfice.

La réponse à cette objection semble facile. Si le fabricant ne gagne pas assez, dira-t-on, il n'a qu'à élever ses prix de vente.

Ce serait encore une erreur grave de supposer à l'industrie la faculté d'élever à son gré ses prix. Il y aurait là deux sortes d'inconvénients : l'un intéressant particulièrement le public, et l'autre concernant spécialement l'industrie.

Voici le premier de ces inconvénients : si l'industrie,

c'est-à-dire l'agriculture et les fabriques, tout ce qui a des salaires à payer enfin, élevaient leurs prix à la fois, il est évident que c'est la consommation publique qui aurait à en souffrir. La vie deviendrait généralement plus chère, et, par suite de cette cherté, les ouvriers, réunis dans leurs syndicats, réclameraient de nouveau une surélévation des salaires.

Le second inconvénient serait celui-ci : les produits indigènes ayant augmenté de valeur, une fabrication étrangère, dont les prix de revient seraient demeurés inférieurs aux nôtres, se trouvant à même de livrer plus économiquement, alimenterait à elle seule nos marchés de ses produits. L'induction à tirer de cela est aussi claire que pratique. Notre industrie, ne pouvant soutenir une pareille concurrence, n'écoulerait plus ou presque plus ses produits, elle deviendrait promptement languissante, les ateliers se fermeraient les uns après les autres, et les ouvriers seraient sans travail.

Si les choses en arrivaient à ce point, tout serait donc à recommencer ; et pour régénérer les travaux industriels, les ouvriers devraient s'engager à un prix peut-être inférieur à celui qu'ils auraient refusé auparavant.

On voit, par ce rapide aperçu, quel est l'enchaînement forcé des faits, et l'on peut en conclure que, sauf les *oscillations naturelles* des salaires provoquées par l'abondance ou la rareté de l'argent—cette marchandise représentative d'échange universel—le taux des salaires ne saurait être, avec quelque à-propos, réglementé nulle part. Cette question, la plus difficile de toutes celles qu'offre l'économie politique, nous paraît encore plus insoluble de la part des ouvriers que de la part des patrons; la raison en est simple : les patrons (l'industrie si l'on veut) ayant constamment besoin de bras sont toujours disposés à les payer de leur mieux pour les attirer.

On le voit donc, ce n'est pas parce que les populations ouvrières pourront, en suivant les voies légales du syndicat, se retirer sur ce nouveau mont Aventin, que les résolutions acclamées dans ces sortes d'assemblées produiront les modifications qu'elles en espéreraient. Voici pourquoi :

Quiconque connaît un peu l'industrie doit savoir que les salaires ne sont pas uniformément les mêmes partout. Ils sont alloués, au contraire, d'une façon différente dans chaque usine. C'est la nature des produits fabriqués, leur nécessité plus ou moins grande dans la consommation publique, leur bonne confection ou leur infériorité, et le plus ou moins de facilité de leur écoulement qui gouvernent forcément le prix des journées ouvrières nécessaires à leur fabrication.

La question des salaires peut se résumer par le dilemne suivant :

Si la main-d'œuvre est trop chère, les produits doivent être vendus cher; alors le public achète peu ou très-peu.

Si le public achète peu, l'industrie n'ayant pas beaucoup à fabriquer, n'a plus besoin d'un aussi grand nombre d'ouvriers; et dans un atelier qui pouvait offrir de l'ouvrage à cent hommes, il n'y aura bientôt plus de quoi en utiliser qu'une cinquantaine.

Que deviendront alors les cinquante ouvriers inoccupés ? De deux choses l'une : ou, comme nous venons de le dire, ils devront louer leur travail à un prix moindre, et alors le prix de la main-d'œuvre s'abaissera en raison de cette offre ; ou bien si, ne voulant rien diminuer de leurs prétentions, ils se réduisent à un chômage volontaire, leur entretien incombera à la Société de secours mutuels dont ils feraient partie ; c'est-à-dire qu'ils seraient à la charge des sociétaires qui, ayant du travail, seraient seuls à même de prélever des cotisations sur le prix de leurs journées.

De quelque façon que l'on envisage cette question, l'on arrive toujours au même résultat. C'est qu'en effet ce ne sont pas des raisonnements théoriques, mais seulement des calculs d'arithmétique qui peuvent conduire à une véritable solution.

Après avoir étudié cette question au point de vue d'une *augmentation forcée* des salaires et indiqué les impossibilités d'application, considérons-la maintenant sous un aspect contraire.

Si l'industrie peut, comme par le passé, conserver l'initiative des salaires; si elle demeure juge et de l'opportunité et de l'importance de leur augmentation, elle continuera à produire économiquement, et à vendre aussi bon marché que possible, pour vendre beaucoup et renouveler souvent de modestes bénéfices dont la multiplicité fait à elle seule les profits du fabricant. Dans ce cas, la plus grande somme d'activité peut régner dans l'industrie, et le plus grand nombre de bras peut être utilisé à l'avantage des populations laborieuses. L'*ouvrier habile* est recherché et largement payé; l'ouvrier *actif* gagne une bonne journée, et tous les manouvriers de peine trouvent facilement, eux aussi, des chantiers où leurs bras sont employés.

La réglementation préméditée des salaires serait une utopie fâcheuse; leur libre discussion entre patrons et ouvriers, cette convention tout à fait volontaire et si rationnelle intervenant entre l'ouvrier qui vend son travail et le patron qui l'achète, doit au contraire amener les meilleurs résultats pour la classe ouvrière. L'observation de ce qui se passe dans la plus grande partie des ateliers, petits ou grands, le démontre. Un ouvrier entré, il y a cinq ou six ans, dans une fabrique au prix de 2 fr. 50 c. par jour, y gagne maintenant, ce n'est pas rare, de 4 à 5 francs, et cela en raison de l'utilité qu'il y a acquise : il en est au moins ainsi dans nos ateliers. Si cet ouvrier vient à quitter l'atelier où son salaire s'est progressivement amélioré, comme il n'a acquis aucune profession qui lui soit propre, il lui serait impossible d'entrer ailleurs au même prix; car il faudrait, comme chez nous, qu'un travail actif, assidu et utile pendant un certain laps de temps, l'ait mis à même de reconquérir un meilleur salaire journalier.

Les réunions populaires s'abandonnent sans grand discernement et sans mesure à leurs propres entraînements; elles se livrent quelquefois à une effervescence irréfléchie qu'elles regrettent souvent dès le lendemain; aussi ont-elles eu toujours besoin de se sentir gouvernées pour ne pas tomber dans les plus regrettables excès. Tous les gouvernements l'ont compris ainsi, et l'on trouve à toutes les époques antérieures des règlements conçus dans le même esprit.

Une ordonnance de François Ier, du mois d'août 1539, porte :

« Nous défendons à tous lesdicts maistres, ensemble » aux compagnons et seruiteurs de tous mestiers, *de* » *faire aucunes congregations ou assemblees*, *grandes ou* » *petites*, ne pour quelque cause ou occasion que ce » soit : et ne faire aucuns monopolles, et n'auoir ou » *prendre aucunes intelligences, les uns avec les autres, du* » *faict de leur mestier*, sur peine de confiscation de » corps et de biens. »

Nous lisons encore, au *Traité de la police* (1), publié en 1735 :

« Pour prévenir les complots entre les maîtres, au » sujet des salaires des ouvriers, et pour entretenir dans » Paris un nombre suffisant de compagnons, les ordon- » nances de police des 21 mai 1667 et suivantes font » défense aux maçons, charpentiers, couvreurs, tail-

(1) Titre IV, chapitre XII.

» leurs de pierres, appareilleurs, terrasseurs, manœuvres
» et autres sortes de personnes travaillant aux bâ-
» timents, de faire *aucune cabale entre eux*, exiger ou
» faire payer aucune chose aux nouveaux venus, se
» méfaire ni médire, battre, excéder ou molester les
» uns aux autres, à peine, etc...»

Enfin, dans les actes du ministère Turgot, on trouve parmi les considérations si judicieusement invoquées par le célèbre économiste pour la suppression des jurandes :

« La source du mal est dans la facilité même accordée
» aux artisans d'un même métier de s'assembler et de
» se réunir en corps. »

Suppose-t-on notre caractère national tellement changé, que les institutions sages et prévoyantes du passé doivent être considérées comme le résultat d'une civilisation fausse et sans aucun mérite? Pour notre part, nous ne le croyons pas, et ces règlements séculaires sont au contraire à nos yeux la confirmation des observations qui précèdent, sur les inconvénients des réunions populaires et des coalitions irréfléchies qui peuvent en résulter.

Les législateurs des âges précédents avaient tous reconnu les périls des coalitions ; comment avaient-ils aperçu ces dangers? c'est que, sous leurs administrations, ces sortes de mouvements populaires s'étaient produits avec toutes leurs inconséquences et toutes les misères qu'ils entraînent pour les ouvriers eux-mêmes.

Pourquoi en serait-il autrement des hommes d'aujourd'hui? ces hommes n'ont-ils pas le même tempérament, le même caractère, les mêmes passions que les hommes d'autrefois. Les institutions se sont améliorées, il est vrai, mais l'homme s'est-il personnellement de beaucoup perfectionné?

Il est donc hors de propos, à notre avis, de favoriser des institutions qui puissent faciliter ces sortes d'assemblées. Si les syndicats sont fondés dans l'unique but d'offrir un lieu de réunion légale aux ouvriers, pour éviter ce que l'on est convenu d'appeler une grève de leur part, le motif en serait peu plausible.

Ce qu'il faut aujourd'hui à la classe ouvrière, c'est une direction paternelle. Le gouvernement de l'Empereur a fait pour elle plus qu'aucun autre gouvernement; sa généreuse initiative n'a cessé d'intervenir partout où l'autorité souveraine pouvait se signaler utilement. Dans les questions d'intérêts personnels, dans ces actes de la vie privée des citoyens, il ne saurait en être ainsi; l'ouvrier, citoyen aussi indépendant que le plus riche capitaliste, a le droit de discuter ses intérêts avec la plus complète indépendance. Mais ce droit se limite à son individualité, et il cesse dès que sa manifestation paraît être l'effet d'une coalition; c'est alors une machination, un complot prémédité, un délit que l'honnêteté de la loi ne saurait protéger.

En principes théoriques, nous trouvons les plus sérieux inconvénients dans la création des syndicats, et l'étude du passé, de ce passé que les réformateurs sont au moment d'invoquer, confirme catégoriquement ceux de ces inconvénients signalés plus haut.

Nous avouons ne pas saisir le côté avantageux aux ouvriers, par lequel le syndicat se recommanderait à leurs sympathies.

Y est-il question d'ouvrage? En aucune façon. Nous avons vu que les syndicats peuvent troubler les travaux industriels, en restreindre l'importance, mais non pas les augmenter.

Est-ce pour fournir aux ouvriers les moyens de trouver rapidement du travail et aux patrons un procédé pour trouver des ouvriers?

Il y a dans ce but des agences de placement fonctionnant simplement et très-utilement, depuis longtemps déjà, pour la plupart des professions. S'il n'y en a pas suffisamment, il faut les multiplier assez pour qu'il y en ait au moins une dans chaque ville. Par ce moyen, quand la main-d'œuvre deviendrait rare dans un centre industriel, l'agence en informerait le centre où cette main-d'œuvre affluerait, et les ouvriers célibataires pouvant émigrer facilement d'un point à un autre formeraient, à l'aide de ces précieux avertissements, l'appoint qui maintiendrait partout un équilibre aussi profitable aux ouvriers qu'à ceux qui les occupent. On éviterait ainsi l'avilissement des salaires, si regrettable pour les uns ; et les augmentations intempestives, si dangereuses pour les autres.

Ce ne serait pas là un fait nouveau, car les choses ne se passaient pas autrement sous l'ancien compagnonnage. Lorsque, dans son tour de France, un compagnon arrivait dans une ville où il ne se trouvait pas de travail pour lui, le compagon le plus ancien en résidence dans cette ville *devait partir* afin de laisser au nouveau venu une place et du travail.

Les syndicats se recommandent-ils comme caisses de secours ? A quel propos ? N'existe-t-il pas déjà des sociétés mutuelles, dont nous avons parlé dans le cours de cette étude, sociétés fondées sur les excellents sentiments de la camaraderie professionnelle et des sympathies de bonne concitoyenneté ? sociétés dont le mécanisme simple et dont la gestion sûre garantit à l'homme rangé et honnête le soulagement des maux inséparables de la vie, les maladies ou les chômages ; sociétés qui pourraient se transformer plus tard en caisses de retraites pour les invalides du travail, et même prendre, dès à présent, l'initiative d'une correspondance officieuse pour servir d'agence de placements à leurs membres laborieux ?

Les syndicats, enfin, pourraient-ils servir de tribunaux amiables et prendre, avec quelque apparence de raison, le rôle de conciliateurs ? Pas davantage. Nous avons, à cet égard, la simple police, les prud'hommes, les justices de paix, les tribunaux consulaires et les tribunaux civils. Où est le besoin d'une nouvelle juridiction, dont la plupart n'accepteraient pas les sentences, parce qu'ils seraient enclins à en considérer les jugements comme une justice de cadi ?

Les syndicats étant institués dans l'unique but d'offrir une sorte de refuge officiel aux assemblées ouvrières, c'est là vraiment un motif bien peu sérieux. On peut prévoir, même avant leur fondation, combien leur existence serait éphémère, car il est permis de supposer qu'il n'y aurait pas lieu fréquemment de se convoquer en assemblées générales pour traiter tantôt de l'augmentation des salaires et tantôt de la diminution des heures de travail.

Nous ne pouvons donc découvrir le genre d'utilité quelque peu pratique que l'on pourrait attendre de semblables institutions. Comme refuge légal, comme point de ralliement, nous persistons à les trouver d'autant moins opportuns que les grèves et les chômages peuvent s'effectuer pacifiquement, sagement, sous la protection des lois actuelles.

S'il entre dans la politique des ouvriers d'un atelier d'abandonner tous à la fois leur chantier, ils n'ont certes pas besoin d'une chambre syndicale pour se donner le mot d'ordre à cet effet. Quant au fait lui-même du renoncement aux travaux habituels, il ne serait pas juste de les leur imposer : aussi notre législation actuelle, faite pour sauvegarder le droit individuel de tous les citoyens, n'a-t-elle pas songé à adopter de mesures coercitives à cet égard. Le droit des ouvriers de quitter un atelier ne saurait être douteux, et tant qu'ils conservent une attitude pacifique dans la ville, tant qu'ils s'y comportent en bons citoyens, il ne saurait y avoir lieu de sévir contre eux.

Mais si ce chômage volontaire devient une cause de désordres, si l'esprit de coalition provoque ces entraînements populaires, si faciles et si prompts, qui portent avec eux l'émeute; alors ces mêmes ouvriers commettent des délits prévus par les lois, et les agents de l'autorité doivent naturellement y mettre ordre. La violence, les attaques brutales, les menaces et les injures placent les turbulents sous le coup des lois de police les plus élémentaires.

Nos lois, les ouvriers doivent le savoir, ont un caractère d'utilité générale et ne peuvent être invoquées au détriment de personne. Un patron molesté par des ouvriers auxquels il aurait refusé une augmentation, même raisonnable, doit être protégé, comme l'ordre public a lui-même besoin d'être sauvegardé. Les ouvriers ayant le droit de refuser leur travail à un salaire qui cesse de leur convenir, un patron a, par la même raison, le droit de ne pas payer plus qu'il ne lui convient, et de s'exposer, si bon lui semble, à ruiner sa position.

Que nos ouvriers, en ce qui nous concerne personnellement, quoique bien payés, veuillent, au moyen d'une grève, ou même d'un simulacre de désertion générale de nos ateliers (il ne faut qu'un meneur pour cela), tenter de nous imposer une augmentation de leurs salaires: nous les laisserons partir. Notre intérêt de manufacturier nous y oblige; car mieux vaudrait pour nous rester quinze jours inactif que de nous constituer en perte pendant une année entière. Cela équivaudrait à un mauvais vent frappant un coin de notre vigne, rien de plus. Nul n'est à l'abri de l'orage. Nous en serions quitte en prenant un personnel nouveau, moins adroit peut-être au début, et un peu plus nombreux, mais nous le formerions bien vite aux travaux de notre industrie comme nous avions déjà formé le précédent. Et en écartant peu à peu ceux qui ne feraient pas notre affaire, nous aurions bientôt reconquis la situation antérieure, tandis que les ouvriers mécontents seraient encore à chercher de l'ouvrage ou bien à travailler à des prix inférieurs à ceux qu'ils gagnaient chez nous.

Telle est, presque toujours, la marche des faits dans ces sortes de circonstances. Qu'une loi particulière définisse catégoriquement où finit le droit de chômage et où commence le délit : c'est bien. Une pareille loi ne saurait être inopportune, car nous sommes d'avis, encore une fois, que le peuple a besoin d'être clairement et impartialement dirigé.

En définitive, c'est là que gît toute la question des salaires et des coalitions.

Dans un passé presque oublié aujourd'hui, alors qu'il

s'agissait de résister à l'arbitraire, il était logique de s'unir en corporations pour que la résistance fût plus efficace.

Toutes ces corporations, utiles à leur époque, n'ont cessé de s'effacer au fur et à mesure des progrès de la civilisation et ont fini par mourir, on le sait, sous leurs propres abus. Sous l'empire du Code et avec les garanties qui protégent la liberté individuelle, nous ne saurions comprendre la raison d'être des corporations ou des syndicats.

Quelques professions ont jugé convenable de constituer des syndicats ; ces institutions, étant tolérées chez les patrons, ne sauraient, sans injustice, être interdites aux ouvriers. C'est là le seul côté justificatif des chambres syndicales ouvrières.

Résumant notre pensée sur les syndicats, nous terminerons en insistant sur leurs fâcheuses conséquences dans la vie ouvrière : conséquences qui seraient de ne jamais procurer d'ouvrage à personne et de faciliter aux meneurs des occasions d'agitations et de malentendus.

Les syndicats, au surplus, ne sauraient jamais prendre un bien grand essor. Peut-être dans quelques grandes villes s'en créerait-il un petit nombre, parce que l'industrie prenant forcément son origine dans les villes, foyers des sciences, et par conséquent des découvertes, c'est dans les villes que les ouvriers se trouvent agglomérés en plus grand nombre. Mais, ainsi que nous avons essayé de l'expliquer dans une autre étude, c'est en dehors des villes que l'industrie est destinée à prendre son véritable développement, parce que c'est seulement là où la fabrication peut être produite au meilleur marché, et que ce sera toujours une obligation pour l'industrie de rechercher les moyens de produire économiquement.

Il ne saurait y avoir de prospérité industrielle sans un grand écoulement des produits de l'industrie, et c'est le bon marché qui forme et assure cet écoulement.

Plusieurs branches de notre industrie en fournissent aujourd'hui les preuves irréfutables. Nous nous bornerons à citer à cet égard : Besançon pour son horlogerie, Thiers et Nogent pour la coutellerie, Charleville pour la grosse quincaillerie, etc., etc.

Or, les centres populeux ne pouvant se former qu'à certaines distances les uns des autres, quel serait l'avenir de syndicats qu ne pourraient jamais réunir leurs adhérents?

Nous ne croyons donc pas, pour notre part, l'institution des syndicats susceptible de faire surgir un avantage pour la classe ouvrière. Les travaux à la tâche et la participation nous paraissent destinés à offrir la seule solution possible à cette intéressante question des salaires. L'ouvrier acquerra ainsi une fois de plus la certitude que de lui seul, et non pas de chimériques organisations du travail, dépend l'amélioration progressive de son sort, car le gain, dans les travaux à façon, ne saurait se concevoir sans l'habileté professionnelle et l'assiduité au travail ; de même que la participation volontairement accordée implique la probité et la bonne conduite dans les ateliers.

---

§ IV.

De l'éducation populaire.

Il ne faudrait pas conclure des critiques exercées par nous sur quelques points isolés d'une question, que nous croyons les mœurs populaires parvenues pour cela à leur perfection et peu susceptibles de réformes nouvelles. Telle n'est pas la pensée qui nous a guidé dans le cours de ces observations. En examinant en toute franchise et indépendance le côté pratique d'un système toujours préconisé comme favorable à la classe ouvrière, nous avons essayé seulement d'en faciliter l'appréciation.

Il faut à chaque génération des institutions qui lui soient propres, et nous croyons que la société actuelle jouit de celles qui paraissent convenir le mieux à son génie. Néanmoins, chaque époque doit s'efforcer d'entrevoir les réformes qui semblent s'annoncer comme nécessaires, et, dans ce cas, c'est, à notre avis, l'instruction populaire qui paraît être, aujourd'hui, la plus utile et la plus urgente.

Il importe, en effet, que l'homme, afin de recevoir des institutions nouvelles, soit préparé, façonné au mouvement progressif que la philosophie sociale élabore dans l'intérêt de l'humanité entière.

De même que le mécanicien prend soin d'adoucir d'abord toutes les aspérités des rouages d'une machine pour en assurer le jeu régulier èt durable ; de même, les passions de l'homme dépourvu d'instruction, ces aspérités morales si redoutables pour l'harmonie générale du corps social, dont il est un rouage, doivent être amorties par l'éducation. Le premier soin du législateur devrait donc tendre à améliorer l'état moral de l'homme, avant de songer à limiter ou à élargir le cercle de son indépendance; autrement le jugement d'un citoyen, à défaut du développement dont il est susceptible, pourrait ne pas répondre au vœu des plus paternelles institutions.

Ne voyons-nous pas encore l'agriculteur préparer longtemps à l'avance le champ auquel il veut confier son grain; le labourer, l'engraisser avec soin pour en obtenir une bonne moisson? Il en est absolument de même dans l'ordre moral. Aussi, pour arriver à la perfectibilité sociale vers laquelle tendent sans cesse les plus nobles et les plus généreux instincts de l'homme, pensons-nous qu'il faut, avant tout, féconder le terrain intellectuel du peuple, et le préparer ainsi à produire ces riches moissons d'ordre, de travail et de mutuelle bienveillance qui font les peuples heureux et les nations prospères.

S'il est incontestable qu'il faut améliorer l'homme

avant de perfectionner le mécanisme de ses institutions, il ne l'est pas moins que l'éducation est le seul moyen d'arriver à ce résultat moral.

C'était bien la pensée du célèbre Turgot lorsqu'il proposait au roi « d'instruire le peuple de l'intérêt du » lien social, des droits, des devoirs qui l'attachent à » la patrie, et de lui faire acquérir les connaissances » nécessaires pour vivre en bon fils, en bon père, en » bon administrateur dans sa famille, en bon citoyen et » en bon sujet dans l'État. »

Le problème de l'éducation populaire est aujourd'hui moins difficile à résoudre qu'il y a peu d'années, l'instruction primaire ayant déjà préparé un très-grand nombre d'esprits à cette culture intellectuelle. Le moment est donc venu d'y semer la bonne graine, sous peine de les voir envahir par l'ivraie des fausses doctrines.

Les bienfaits d'une bonne éducation sont faciles à obtenir. Que faut-il faire pour cela? Peu de choses au fond. Enseigner à lire aux enfants du peuple et au peuple lui-même; propager surtout les bons livres dans les classes laborieuses, y multiplier *gratis* les publications utiles.

Ces publications auraient pour effet, sinon de perfectionner immédiatement l'éducation populaire, au moins de faire un utile contre-poids aux étranges doctrines que la passion politique, ou bien de très-regrettables spéculations, font pénétrer jusque dans les plus humbles chaumières. Doctrines qui trouvent d'autant plus facilement accès dans l'esprit des masses qu'aucune réfutation n'y parvient jamais, et qu'il est de la nature des masses d'accepter aisément ce qui flatte leurs goûts et leurs appétits matériels.

On sait, en effet, que les masses populaires, en général fort ignorantes, n'envisagent trop souvent que le but, sans se préoccuper de la voie qui doit y conduire. L'homme sans instruction est de sa nature crédule, il lui reste beaucoup de la naïveté de l'adolescence ; il croit facilement aux mirages qu'on fait briller à ses yeux. De là vient que les actes de sa vie politique sont moins étranges qu'ils n'apparaissent d'abord.

On pourrait trouver l'explication de cette singularité en faisant un simple rapprochement entre leur attitude politique et leur conduite privée. Si l'on observe la population des arrondissements qui fournissent les députés systématiquement opposés à tous les actes du gouvernement, on trouvera que ces dissidences proviennent pour la majeure partie des cantons où la propriété est très-morcelée, ou des centres manufacturiers ; c'est-à-dire, dans l'un et l'autre cas, des lieux peuplés d'hommes particulièrement accessibles à cette crédulité, parce qu'ils ont le plus à désirer.

A côté de cette tendance politique, il faut maintenant signaler ce qui se passe dans ces mêmes populations quand, au lieu de politique, il s'agit d'intérêts matériels. On voit alors les mêmes hommes qui ont envoyé au

Corps législatif des mandataires pour entraver ou critiquer l'autorité souveraine, souscrire avec plus d'empressement que tous les autres aux emprunts du gouvernement. Ce sont ceux-là mêmes qui témoignent la plus grande confiance en son crédit, en sa probité, en sa bonne direction, en accourant lui prêter, la plupart du temps, plus que la somme de leurs épargnes.

On lisait à ce propos, dans la *Semaine financière* du 30 janvier dernier :

« La souscription des coupures irréductibles de
» 6 francs a été très-importante ; il s'est manifesté dans
» les campagnes et dans les villes industrielles un véri-
» table entraînement vers les coupures irréductibles. La
» coupure de 6 francs a été considérée par beaucoup
» d'ouvriers et de paysans comme une sorte de caisse
» d'épargnes, où ils placent leurs modestes économies
» jusqu'à la clôture des versements de l'emprunt. Le
» nombre des souscripteurs aurait d'ailleurs dépassé tout
» ce qu'on a vu en des occasions analogues ; il aurait
» été, à ce qu'on assure, de 550,000, dont 134,000 pour
» Paris et 416,000 dans les départements. »

Étrange anomalie que celle-là ; mais pourtant pas aussi singulière qu'elle peut le sembler de prime abord, car elle définit, au contraire, cette disposition naturelle à la crédulité dont nous venons de parler.

Les défaillances évidentes du jugement populaire en matière politique, c'est-à-dire à propos des choses d'un ordre tout à fait immatériel, et par contre la sagacité qui se révèle si bien au sujet des intérêts matériels, où l'individualité se manifeste par la réflexion et par la prévoyance, prouvent jusqu'à l'évidence combien ce champ de l'esprit public est facile à féconder en raison et en sagesse, et combien il est disposé à recevoir la semence qui doit y produire les vertus civiques.

En conséquence, ne serait-il donc pas opportun maintenant de faire parvenir sûrement dans les mains des classes laborieuses les publications utiles à leur véritable moralisation et au développement raisonnable de leur intelligence?

L'instruction populaire, c'est l'arme confiée au jeune soldat. S'il n'est pas suffisamment exercé à la manier, non-seulement il ne peut l'utiliser à sa défense personnelle, mais encore il s'y blesse le premier et risque de blesser ses camarades. Il en est de même de l'instruction chez le peuple. Qu'elle soit simplement ébauchée, les populations laborieuses, incapables d'en utiliser les effets, s'en servent au hasard pour faire quelques rares et dangereuses lectures, sans profit pour leur perfectionnement moral, ou même pour leur bien-être matériel.

Ne pense-t-on pas, comme nous, qu'il serait du plus haut intérêt social de donner à ces classes peu lettrées, où les esprits ne sont pas encore bien exercés au travail intellectuel, des brochures contenant, sous la forme de récits clairs, brefs et intéressants, quelque fait historique, quelque légende servant d'exemple et pouvant enseigner un point de droit rural, une invention utile, un progrès agricole, etc.

Cela serait peu coûteux et facile à exécuter. « On ne » manque ni d'auditeurs ni de lecteurs, écrivait Pline » le Jeune à Valerius Paulinius ; ayons soin seulement » que l'on ne manque ni de bons discours ni de bons » livres (1). »

C'est dans les bons livres que réside aujourd'hui le germe du véritable progrès social. Seuls, les bons livres peuvent instruire sainement et clairement le citoyen de ses droits et de ses devoirs et lui inspirer l'amour des lois et de la patrie.

« C'est à inspirer cet amour que l'éducation doit être » attentive, dit Montesquieu ; mais pour que les enfants » puissent l'avoir, ajoute-t-il, il y a un moyen sûr, » c'est que les pères l'aient eux-mêmes. On est ordi- » nairement le maître de donner à ses enfants ses con- » naissances, on l'est encore plus de leur donner ses » passions.

» Ce n'est point le peuple naissant qui dégénère, il » ne se perd que lorsque les hommes faits sont déjà » corrompus. » (*Esprit des Lois*, livre IV, chap. v.)

Puisque nous invoquons ici l'opinion des grands hommes, il convient d'ajouter à cette pensée de Mon-

(1) Lib. IV, Epist. xvi.

tesquieu, cette observation d'une profonde vérité, de Sa Majesté l'Empereur (1) :

« Esclave des souvenirs de son enfance, l'homme » obéit toute sa vie, sans s'en douter, aux impressions » qu'il a reçues dès son jeune âge, aux épreuves et » aux influences auxquelles il a été en butte. La » vie d'un peuple est soumise aux mêmes lois géné- » rales. »

La publication de bons livres est, selon nous, le plus utile service qu'on puisse rendre à la patrie, car la propagation des idées saines contribue efficacement à l'amélioration de l'esprit public.

Plus l'homme est instruit, plus il est facilement policé, et moins il faut de lois pour le maintenir. Or, moins les lois sont nécessaires dans une nation, et plus la liberté y acquiert de véritable grandeur.

Nos populations, sortant de l'adolescence politique, commencent à posséder la raison qu'apporte avec elle la virilité ; et nous sommes loin de l'époque où, à une souffrance sociale, on se contentait de répondre par la publication d'une loi ou par l'essai de quelque théorie.

Le temps des discours, bien que chez nous on soit naturellement très-discoureur, tend à passer ; ce sont des faits qu'il faut à un peuple actif, intelligent et indé-

(1) Œuvres de Napoléon III *(Idées napoléoniennes)*.

pendant. On en peut faire déjà l'observation dans nos débats parlementaires, où l'on voit des théories pompeuses produites à la tribune avorter comme impuissantes. Ce qui s'est passé dernièrement pour le Code rural en est la preuve. Mis à l'étude en 1802, alors qu'il avait sa raison d'être, on tenta mal à propos de faire revivre cette question, au moment où l'agriculture se plaignait le plus du manque de travailleurs. Mais ce projet, dont aucun résultat pratique ne recommandait l'examen, fut bien vite abandonné.

Chacun avait aussitôt compris qu'il n'y avait aucun fruit à retirer d'une pareille publication, car soixante années de pratique du Code Napoléon ont forcément fait l'éducation légale de tous les citoyens actuels. On sentait qu'un Code rural n'avait pas plus à apprendre aux officiers ministériels ayant mission d'interpréter et d'appliquer les lois civiles, qu'à ceux chargés d'en conseiller l'observation à leurs clients. Tous les droits de propriété, de jouissance, d'usage, etc., etc., étant catégoriquement définis dans notre Code civil, il était évidemment superflu de les rééditer sous un autre titre.

Aurait-on espéré, au surplus, qu'un Code rural fût lu par le cultivateur lui-même? Le désir de faire son éducation légale témoigne certainement d'une louable intention ; mais ce serait une grande erreur de croire cette étude possible au moyen de lectures arides. Il faudrait ignorer totalement les habitudes de l'ouvrier des campagnes pour s'imaginer que dans la très-courte veillée qui succède au souper, et qui se passe à table, on lirait des textes inintelligibles pour la plupart des auditeurs.

Au travailleur, que le soleil a trouvé dans les champs, ce qu'il faudrait pour combattre le sommeil, résultat naturel de ses fatigues, ce serait un récit très-court et très-intéressant.

Un orateur (car le village a aussi les siens) se gardera bien de lire un article de code, mais il fera volontiers pour tous, à haute voix, la lecture de quelque article de journal, dont il commentera avec complaisance les passages rédigés dans le dessein de le flatter et d'obtenir ses suffrages.

Instruire les classes populaires en les récréant ; leur apprendre la vérité en la leur montrant d'une façon agréable, saisissante, telle est la voie que commande la sagesse.

Nous concevrions donc que les écrivains de bonne volonté publient, non pas un code, mais un manuel des droits et des usages ruraux, par exemple, ou qu'ils publiassent, sous une forme légendaire, la démonstration pratique de quelque procédé utile, de quelque découverte intéressante ; puis que ces récits fussent répandus à profusion, ET GRATIS, dans les classes dont le niveau intellectuel est maintenant tout disposé à s'élever.

Les moyens en seraient aussi simples que peu coûteux, parce qu'en faisant éditer à cent ou deux cent mille exemplaires une petite brochure, le prix de revient de chaque livraison serait extrêmement modique.

Une société pour l'amélioration et l'encouragement des publications populaires a été formée récemment et autorisée par décision ministérielle. C'est bien quelque chose déjà de patronner la morale aussi efficacement, en encourageant les bons écrits, et en cherchant à faire disparaître les mauvais livres, mais ce n'est pas tout. Ce qu'il faut, c'est de savoir faire parvenir *sûrement* ces bons écrits à leurs véritables destinataires.

A quoi bon accumuler les meilleurs ouvrages dans les bibliothèques populaires si les travailleurs ne doivent pas aller en prendre connaissance ? Les bibliothèques populaires recevront plus tard, et fort à propos, des ouvrages d'une instruction plus complète, des atlas, etc.; mais aujourd'hui c'est l'instruction primaire qu'il s'agit de répandre et de perfectionner.

Les études primaires ne sont pas une récréation pour l'écolier, c'est un travail de l'esprit, une application quelquefois fatigante pour bien des gens. Il est aisé de comprendre que des hommes qui ont travaillé toute la journée ne se rendront pas volontiers à la bibliothèque, où leur laisser-aller habituel ne saurait être admis, pour s'y livrer à un nouveau travail de silencieuse application, et cela durant les seuls instants de loisir et de repos dont ils peuvent jouir chaque jour.

On trouvera peut-être que nous entrons ici dans des particularités minutieuses et que nous nous préoccupons trop de détails sans importance. Si l'on connaissait comme nous la classe ouvrière, ses habitudes et ses instincts, on en jugerait autrement, et l'on pourrait acquérir la preuve que c'est bien souvent faute d'avoir pris les choses par leur côté le plus vulgairement pratique que les meilleures tentatives ont échoué.

La mesure la plus efficace à notre sens serait d'écrire des résumés clairs, brefs et très-intéressants et de les distribuer à *domicile*.

Le livre étant ainsi introduit tout naturellement (*sans qu'il ait fallu le demander*) dans le domicile de l'ouvrier, se trouverait à sa portée et constamment sous sa main. Les jours fériés, l'ouvrier, inoccupé le matin, se lève tard ; et, les soirs de travail, le sommeil peut quelquefois se faire attendre ; s'il éprouve un moment de désœuvrement dans sa chambre, il prendra donc machinalement la seule chose qui puisse lui offrir une distraction : *un livre*.

Si ce livre appartenait à une bibliothèque populaire, il serait impossible de l'abandonner longtemps entre les mains de la même personne ; mais si ce livre est au contraire la propriété de l'ouvrier, il n'a pas à s'en inquiéter ; il n'est pas préoccupé de la crainte de l'endommager ou de la nécessité de le rendre ; il se familiarise avec lui, le lit à son heure, le relira même à maintes occasions, et s'habituera ainsi peu à peu, sans fatigue intellectuelle et presque à son insu, à cette bienfaisante récréation. Qui sait si, au bout de quelque temps, ceux qui auraient pris cette bonne habitude ne rentreraient pas un peu plus tôt chez eux, le soir, pour y trouver leurs livres? Ce serait tout profit pour le repos du corps, l'économie du salaire et la culture de l'esprit.

Si l'on se rappelle le langage tenu par M. le vicomte de la Guerronnière dans la séance du Sénat du 18 mars dernier, à propos des mauvais livres, on n'hésitera pas à reconnaître que le développement de l'instruction populaire est la plus prompte, la plus urgente, la seule réforme à laquelle on doive songer aujourd'hui pour hâter le développement des idées morales dans notre pays.

« Avez-vous bien songé, disait l'honorable sénateur,
» aux ravages inouïs exercés par le colportage dans les
» campagnes avant l'institution de cette commission
» (celle du colportage) ? C'est un tableau effrayant dont
» je trouverai quelques traits dans une pièce officielle,
» un rapport du 8 avril 1853.

» Avant cette époque, le colportage, organisé, divisé
» par brigades, comptant un personnel de trois mille
» cinq cents commis, sous la direction de trois cents
» patrons-colporteurs, distribuait annuellement dans la
» France entière neuf millions de volumes à bon marché,
» imprimés à Paris, à Rouen, à Tours, à Limoges, à Épi-
» nal ; sur ces neuf millions, il y en avait certainement
» huit millions entachés plus ou moins d'immoralité.

» A un certain nombre de ces ouvrages, dont plusieurs

» portaient des titres obscènes, étaient jointes des ima-
» ges licencieuses. Tel était le résultat de la liberté com-
» plète du colportage, que la religion, la famille, la
» pudeur, la civilisation étaient condamnées à en périr
» et que le vice seul pouvait y gagner ; dans un état de
» choses aussi déplorable on pouvait se demander si
» l'instruction ne devenait pas un fléau puisqu'elle ne
» servait, dans certaines parties de la population, à
» ouvrir l'esprit que pour mieux dégrader l'âme. »

N'eût-on donc pour but que de contre-balancer les déplorables effets de cette funeste librairie, cela suffirait pour nécessiter la propagation des bons livres.

Quant à la facilité de les répandre utilement et de les faire parvenir à destination, il nous semble que la Société du Prince impérial, si parfaitement constituée dans toute la France, et rayonnant directement de Paris jusque dans les moindres hameaux, jusqu'auprès du plus simple artisan, où elle prête partout les outils qui doivent procurer le bien-être matériel de la famille ouvrière, serait on ne peut mieux placée pour offrir en même temps les bons livres, ces autres outils du perfectionnement et du bien-être moral.

Quant aux frais de rédaction, de tirage et d'expédition de ces livres, nous proposerions qu'une *Société pour la propagation des bons livres et l'éducation populaire* soit fondée à l'imitation de la Société du Prince impérial, et pour agir conjointement avec celle-ci. L'action de ces deux Sociétés pouvant être commune, on pourrait les confondre en une seule au moyen de la remise par la

Société pour la propagation des bons livres et de l'éducation populaire, de ses publications à la Société du Prince impérial, qui les ferait parvenir elle-même à destination.

Constituée sur des bases vraiment pratiques, et patronnée par des sociétaires connaissant déjà les familles ouvrières désireuses de suivre la bonne voie, cette Société viendrai donc seconder d'une façon prompte et salutaire les persévérants efforts du gouvernement à cet égard.

Nous aurions pu développer plus longuement chaque partie de ces intéressantes questions, mais il nous a semblé suffisant d'indiquer le côté essentiellement pratique de celles relatives aux associations ouvrières, de même que le but éminemment moral de celle qui concerne l'instruction populaire, pour que tout le monde en apprécie la véritable portée.

S'il ressort de nos observations :

1° Que les classes populaires jouissent quant à pré-présent, des formes sociales appropriées à leur caractère et aux tendances de leur activité;

2° Et que, avant de songer à perfectionner les institutions, il faut auparavant s'appliquer à l'amélioration des hommes destinés à en profiter, pour les préparer en quelque sorte à une organisation qui nécessite un perfectionnement moral plus grand,

Nous aurons exprimé toute notre pensée à cet égard. Si nous avons pu démontrer en même temps qu'il est d'intérêt public, national, de fournir GRATUITEMENT l'instruction d'abord, et les bons livres ensuite, au peuple, nous aurons eu l'honneur de nous associer bien faiblement sans doute, mais peut-être avec quelque utilité, au vœu émis par l'un de nos plus vénérables prélats, dans la séance du Sénat du 18 mars dernier, consacrée si brillamment à l'examen d'une *pétition signalant les progrès de la démoralisation, et demandant des lois plus sévères contre la publication des doctrines antireligieuses.*

Son Éminence le cardinal de Bonnechose, après avoir signalé les ravages causés par les publications, « contraires aux mœurs, en ce qu'elles montrent à la » jeunesse un monde idéal qui l'exalte, la dégoûte du » travail et des habitudes régulières; d'où résulte la » misère, puis la honte et enfin le désespoir; »

Ou hostiles aux dogmes fondamentaux de la religion, à la loi morale, tendant à supprimer tout frein et à énerver l'âme, terminait en ces mots :

« A nous-même, le souverain ne déclarait-il pas, il » y a peu de temps, que dans la bonne comme dans la » mauvaise fortune, il avait toujours cherché son sou- » tien dans la foi, dans la foi religieuse?

» C'est donc conformément à cette pensée que nous » demandons au Sénat de réclamer toute la sollicitude » du gouvernement contre des périls qui, si on ne les » conjurait, couvriraient la société de ruines. Nous » vous le demandons, Messieurs, au nom de la religion, » des bonnes mœurs, des familles, comme sénateurs, » comme chrétiens, comme Français. »

PARIS. — IMP. CENTRALE DES CHEMINS DE FER DE NAPOLÉON CHAIX ET Cᵉ. RUE BERGÈRE, 20.—8412

www.ingramcontent.com/pod-product-compliance
Lightning Source LLC
LaVergne TN
LVHW020033170826
845678LV00001B/231